大展好書　好書大展
品嘗好書　冠群可期

大展好書　好書大展

品嘗好書　冠群可期

格鬥術 2

特種部隊

徒手格鬥術

王紅輝　編著

大展出版社有限公司

前　言

　　特種部隊，是世界各國軍隊中的精英團體。他們的任務是：對內反恐怖、反劫機；對外從事偵察、小股滲透，搗毀敵方軍事重地的絕密設施等。

　　各國特種部隊的武器裝備都非常精良。但對特種部隊而言，徒手格鬥技能已成為他們在實際戰鬥中的重要組成部分。

　　特種部隊格鬥培訓的特點是科學訓練、高效快速。西方某些特種部隊，接受培訓的時間通常都很短。如美國海軍的海陸空戰隊（SEAL）、美國綠色貝雷帽部隊（Green Berets）、英國的特別空勤團（SAS）以及比利時的傘兵軍團，徒手格鬥培訓的時間都是非常地短，通常在6週之內結束。

　　雖然特種部隊徒手格鬥培訓的時間非常短，但效果驚人。其科學的訓練方法很快使受訓的士兵功夫上身，形成良好的格鬥能力。

　　一個訓練幾週的特種兵，在對付一個訓練幾年的練武者時也絲毫不會吃虧，甚至會將其打敗。這決不是聳人聽聞或者誇大其辭，而是因為許多項目的技術動作訓練冗長、笨拙、繁瑣，浪費精力。而現在流行

的散打、泰拳等擂臺技術，與特種部隊格鬥術又沒有可比性。特種兵徒手格鬥是與日常衝突中的真實情況緊密結合，活學活用，一切為實戰而練。而擂臺技擊則是在規則限制下發展而成的，真正實用的功夫在擂臺上恰好又被規則所限制。

擂臺技擊術在野戰、巷戰、街頭打鬥中是難以運用的。很多例子表明，一些堪稱搏擊高手、功夫很深的傳統老拳師在遭到突然的無規則的襲擊時會束手無策，甚至被不練武術的小流氓打得沒有招架之功。這是因為他們習慣於常規競技模式，根本無法應對全面、整體的、你死我活的無規則搏殺，這與他們接受訓練的方法有關。

特種部隊徒手格鬥術則是無限制的，其格鬥培訓的含義就是學會如何運用你的人體武器殺傷敵人，因而其打法是兇狠的、殘忍的，追求的是一擊必殺、五秒鐘結束戰鬥。

特種部隊徒手格鬥術完全是經過實戰檢驗的、簡捷而實用的技術。本書圍繞著「精簡實用、易於掌握」這一主題詳細介紹了特種部隊的精神訓練、致命武器、窒息、鎖定、解脫、地面纏鬥、徒手對兇器等搏擊技術。

書中吸收了世界各國特種部隊的格鬥精華和先進的訓練方法，並剔除華而不實的動作。整個訓練始終圍繞著「如何快速有效地殺傷敵人」這個目標來展開與分析。特別適合於廣大搏擊初學者，或是練功多年

卻又難以制服兩三個街頭小流氓的懊惱者。

　　本書所介紹的訓練方法，科學、系統、高效速成，其目的旨在說明廣大搏擊愛好者在短期內提高自己的實戰能力。

　　本書是站在士兵的角度來講解格鬥要訣的。廣大讀者只能作為防身之用而不能不分場合和條件，濫用書中所描述的格鬥技術。

目　錄

第一章

特種部隊徒手格鬥術概述

特種部隊徒手格鬥術，是一項以殺死敵人或使敵人失去反抗能力為主要目的的軍事格鬥術，是人們在戰場的搏殺過程中總結出來的實用軍事搏擊術。以前雖然有過許多優秀的軍事搏擊術，但大多數都因為訓練繁瑣複雜，實用性不強，不適合於你死我活的戰場搏殺而被淘汰。

特種部隊徒手格鬥術的特點是簡練、實用、有效，科學性強，強調使用一切可使用的手段，提倡一招制敵、五秒鐘結束戰鬥。

軍事格鬥的目的是以最快的速度殺死或制服敵人。大多數情況下，殺死敵人是軍事上唯一的目標。徒手格鬥培訓的含義就是教會士兵怎樣運用他自己的身體武器，去殺死敵人或使其致殘。特種部隊徒手格鬥術訓練的特點主要有如下幾個方面：

第一，重視格鬥精神的培訓

專家認為，格鬥時人的精神氣勢起著決定性的因素。常言道：「兩軍相爭，勇者勝。」在實戰搏擊中，一個沒有必勝信心、受到挫折不能自我克服、在劣勢中不敢捨身奮戰的人，要想取勝是不可能的。所以，教官要求士兵必須有堅強的意志和敢於拼搏的精神，無論在平時的訓練中，

還是在實戰搏擊時，都應把對方當成真正的敵人，只有這樣才能以精神為統帥，才能調動全身各部，發揮最大潛能，同時也才能克服恐懼和焦慮的情緒，保持旺盛的戰鬥力，全力以赴地戰勝敵人。

第二，動作簡單，實用易學

特種部隊的教官們都喜歡教授士兵一些簡單易學的技術動作，並把大量的時間和精力花在訓練那些靠本能用得上的基本搏擊技術上。

為了做到實戰搏殺的動作簡練、實用、有效，在訓練時一定要讓士兵知道：怎樣瞄準敵人身體上的要害部位，他自己身體的哪個部位可用作為武器，特別是士兵能夠運用自如的身體武器。這類武器中，包括有：拳、腳、肘、膝、掌、手指等。士兵要學會如何應用自己的身體武器，給敵人以最大的打擊。

在真正的生死搏殺中動作簡練、實用很關鍵，當擊襠就足夠解決敵人時，就沒有必要冒險以腳踢頭；用一秒鐘的動作就可以制服敵人時，就沒必要花10秒鐘去做一套複雜的動作。在生死搏殺中，乃是以生命作為賭注的，其殘酷性要求士兵放棄一切華而不實的技術，簡練直接地打擊敵人。

第三，科學性、針對性

特種部隊徒手格鬥術的訓練科學性較強，強調一招制敵，五秒鐘結束戰鬥。格鬥時，要求士兵直接攻擊敵人的要害，所以士兵必須瞭解人體解剖學、生理學、運動力學等原理。如擊打下頜時用手底掌就比用拳擊更為有效，因

為用拳猛擊可能會使自己的手指受傷，而用底掌打擊就較為容易了。而用手刀猛砍敵人頸後，則能造成腦震盪或頸部折斷，甚至立即斃命。訓練時還要教會士兵如何站立、如何移動、如何倒地和滾爬、如何擊打和封阻、如何鎖定敵人以及如何窒息敵人。

美國著名的軍事格鬥專家洛奈爾·雷克斯·阿普爾蓋特直言不諱地說：「軍事格鬥，就是學會如何把敵人從戰爭中永久性地剔除掉。制服，應該看做是一種將敵人處於更容易殺掉的狀態，而不是一種把他收為俘虜的手段。」

第四，強調使用一切可以使用的手段

特種部隊的士兵在格鬥時，可以不擇任何手段，強調用全接觸式的肉搏戰。除應用常規的踢、打、摔、拿外，還可以去咬、抓、撕、挖，軍事上的格鬥打起來可以「不擇手段」，如果需要，你可以像野獸那樣去進攻，只要能殺死敵人，沒有人在乎你使用了什麼手段。

包括在實戰搏殺時能充分利用身邊的物品作為武器來殺死敵人。如朝對方眼中撒泥沙；運用皮帶、鋼盔擊打敵人；用挖戰壕的工具砍擊敵人的頸部；帳篷的支柱和銷釘都可以用來戳擊敵人；固定帳篷用的扯繩、鞋帶及電話線都可以用來勒死敵人。

另外，除了強鬥之外，智鬥也必須強化。如沉著冷靜的神態、巧妙的語言、智慧的計策都可以制敵。如手指彎曲，指關節處頂在敵人背後，酷似槍管，會使敵人信以為真而束手就擒，等等。

第二章
特種部隊徒手格鬥術
的基本常識

第一節　人體的要害部位

在生死格鬥中，瞭解人體的要害部位對實戰攻擊非常重要。因為人體的要害部位組織脆弱、神經敏感，如受到暴力刺激或重擊，會使人體的正常活動受到影響，從而直接威脅到人的生命。因此特種兵必須明白人體的哪些部位最薄弱，從而瞄準這些部位發動猛烈的攻擊，重創敵人。（圖2－1）

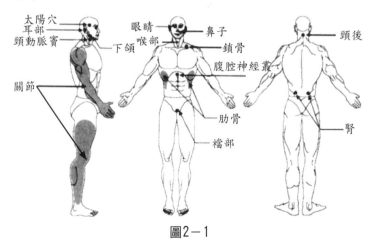

圖2－1

15

1. 太陽穴

太陽穴是人頭部最薄弱的地方之一，若受到猛烈的打擊，可以造成腦震盪甚至死亡。打擊太陽穴通常用手刀、擺拳，也可以用肘頂撞；若敵人被擊倒在地，也可以用腳尖猛踢這個部位。

2. 眼　睛

眼睛是人體最薄弱、最容易受到攻擊的部位之一。輕擊可使人視線模糊、疼痛難忍，重擊則使人雙目失明。一般以剪指攻擊或虎爪抓擊，也可以用拇指或其他手指摳挖敵人眼睛。

有的特種兵在格鬥時，能抓住時機，向敵人眼睛拋揚灰土，然後再以別的招法攻擊敵人。

3. 耳　部

耳部若受到猛烈擊打，輕則會導致鼓膜破裂，疼痛難忍，從而喪失戰鬥能力。重則可使人腦震盪甚至喪命。攻擊時，兩手作杯狀，同時拍擊敵人雙耳，也可以用手掐住耳朵向一側擰拉，還可以在貼身扭鬥時用嘴撕咬，破壞敵人的身體平衡，為別的招法創造條件。

4. 鼻眼三角區

鼻、眼三角區是極容易受到攻擊的薄弱部位之一，其皮下組織少，是人體視覺和呼吸的重要器官所在地。若遭到擊打，可導致雙目失明，鼻梁塌陷，甚至顱底骨骨折。一般採用的攻擊方法為直拳或者是以肘、膝撞擊。

5. 鼻　子

鼻子是從臉部向外凸出的部位，因此也是容易被攻

擊的目標。鼻子若遭到重擊，輕則鼻骨碎裂，瞬間雙目失明，重則喪命。

一般在貼身近戰時，則可用底掌由下向上猛推敵人鼻子。這是很致命的擊打，可使敵人休克或腦出血。在貼身摟抱時，還可用頭猛撞或用牙齒撕咬敵人的鼻子。

6. 下　頜

下頜兩側連接點的三角區域充滿了神經束，若受到猛烈打擊可導致脫臼或骨折，有時甚至刺激後腦延髓而暫時失去站立功能。下頜受到重擊也會產生休克、腦震盪、腦出血，失去知覺甚至死亡。

一般用鉤拳、挑肘或底掌進行擊打更為有效。

7. 頸動脈竇

頸動脈竇在下頜骨的兩側，頸動脈在咽喉的兩旁，這些部位若受到強烈擊打和刺激，會導致大腦輸血受阻而暫時缺血，心律調節受到破壞，心臟收縮率減弱，血壓降低以及控制與調節身體平衡的前庭器受到震盪，產生昏迷、休克等現象，嚴重的會引起猝死。

一般用手刀砍擊此處，效果較佳。

8. 喉　部

喉部包括呼吸道和食道，若用力掐壓，就會使人頭昏、四肢無力，甚至斃命。正因為如此，許多特種兵在實戰搏擊時都會瞄準此處。進攻時可直接以掌指戳擊敵人咽喉凹下的部位，可使敵人感到劇痛、咳嗽，甚至窒息而亡。搏鬥時可用前臂勒擊或以手指掐、壓、扼等方法攻擊此處目標。

9. 頸　後

頸後若受到重擊，可立即斃命。當敵俯身、彎腰時可用手刀或拳外側猛劈此處。若敵人倒在地上，可用腳尖、腳跟踢擊此處，從而重創敵人。

10. 鎖　骨

鎖骨若受到重擊可導致骨折，並使人癱倒在地。攻擊時可用手刀向下猛力劈砍。如果敵人比你矮小，則可用肘猛砸敵人鎖骨。

11 兩　肋

左肋內的脾臟、右肋內的肝臟都是維持人體生命活動的重要器官。這些部位若遭到猛烈的擊打和刺激，容易造成骨折或損傷內臟，使肝、脾出血，不僅疼痛難忍，嚴重的還會危及生命。

可用手刀、拳外側、指關節、腳跟、腳尖、膝關節等攻擊此部位。

12. 腹腔神經叢

由於腹腔內臟器官較多，腹腔的神經分佈尤為豐富。支配各臟器的交感神經和副交感神經，彼此交錯形成神經網路，在腹腔內形成了很多神經叢，其中最主要的神經叢為太陽神經叢。

太陽神經叢位於腹腔正中，相當第12胸椎至第1腰椎段，體表位置在腹前壁的劍突與肚臍之間。腹腔太陽神經叢分為兩個半月神經節，與腹腔內的其他神經叢構成複雜的神經聯繫，廣泛分佈於腹壁、腹膜及腹內臟器。

刺傷腹壁和腹膜，震盪、牽拉腹內臟器，都可以刺激

腹腔太陽神經叢，引起強烈的神經反射。因此，以拳、腳打擊肚臍以上的部位，尤其是打擊胸骨劍突下的心窩處，可立即引起劇烈的腹痛，使人不能呼吸，不能直立，腹肌痙攣而癱倒在地，甚至會因為強烈的神經反射作用使人暈厥或昏迷。用力打擊心窩處，可以將胸骨擊斷造成大量的腹腔內出血而死亡。

13. 襠　部

襠部是人體最重要的部位之一，也是攻擊最易奏效的部位之一。這個部位神經反應特別敏感，如受外力襲擊，會使人疼痛難忍，危及生命。

在近距離纏鬥時，可用膝猛頂敵人襠部。無論在何種情況下，只要能抓住敵人的生殖器，並由撕扯、擠壓和扭擰動作便可將敵人制服。如果用力猛踢此處，可造成敵人昏倒甚至死亡。

14. 關　節

人的手指、腕部、肘部、肩部和膝部等關節雖然都被肌肉所環繞著，但仍是薄弱的部位。這些部位若被擰轉、折壓、鎖扼、擊打超過活動範圍，會疼痛難忍，並可能造成關節脫位、韌帶撕裂、肌肉損傷，甚至骨折，從而失去正常的運動功能。

第二節　用於攻擊的人體部位

人體的許多部位都適合作為攻擊武器。技術全面的特種兵，不管敵人的技藝如何，都能充分運用自己的身體武

器，從頭到腳去打擊敵人。

1. 頭　部

頭有的部位雖然非常薄弱，但有的部位卻非常堅硬，特別適合作為攻擊武器。在近身格鬥中頭部離目標很近，而且攻擊性容易被敵人忽視，在實戰時如果能出其不意地用頭的堅硬處去撞擊敵人的薄弱處，定會收到很好的效果。(圖2－2)

2. 牙　齒

在全身被控制時牙齒也可以作為有力的攻擊武器。在搏鬥時用牙齒可以撕咬敵人的耳朵、手指等部位。(圖2－3)

 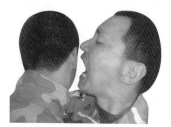

圖2－2　　　　　　　　圖2－3

3. 肩　部

肩部是一個容易被人們忽視的人體武器，在實戰中用肩靠擊或是撞擊敵人也能收到很好的打擊效果。(圖2－4)

4. 拳

四指併攏，彎曲貼住掌心，拇指彎曲貼在食指和中指的第二指骨外側。拳為上肢的重要攻擊武器，格鬥中使用率較高。力點為拳面、拳背和拳輪。(圖2－5)

5. 指關節

除拇指外，其餘四指的第二關節彎曲緊貼可形成較好的攻擊武器。在實戰中可以攻擊敵人的鼻梁、眼睛、肋骨等部位。（圖2－6）

6. 爪

拇指蜷曲向掌心，其餘四指彎曲。可爪擊敵人面部、眼睛等部位。（圖2－7）

7. 矛 手

四指平伸併攏，拇指向掌心蜷曲。主要攻擊點集中於食指、中指和無名指的指尖。主要攻擊敵人的眼睛、咽喉等脆弱部位。（圖2－8）

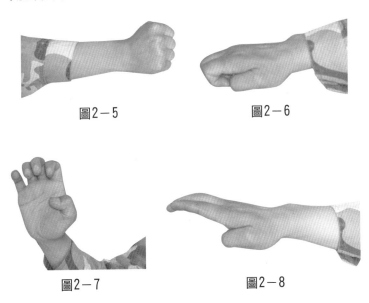

圖2－4

圖2－5　　　　　圖2－6

圖2－7　　　　　圖2－8

21

8. 掌　根

掌根就是手掌的底部，這個部位的肌肉豐滿，是手掌上肌肉最多、最厚的部位。掌根主要攻擊敵人的下頜等部。（圖2－9）

9. 手　刀

手刀是手掌邊緣的部位。拇指彎曲貼靠在食指的關節處，其餘四指併攏伸直，整個手掌就像一把「砍刀」，故名手刀。手刀主要攻擊敵人的頸動脈等部。（圖2－10）

10. 掌　背

拇指彎曲，其餘四指伸直併攏。攻擊時力點在掌指及掌背關節部位。用於攻擊敵人的眼睛、鼻子等部位效果較佳。攻擊時多以肘部為支點，用前臂的抖彈之勁甩擊敵人。（圖2－11）

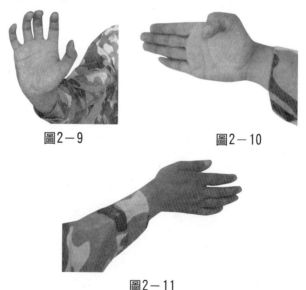

圖2－9　　　　　　　　　　圖2－10

圖2－11

11. 虎　口

手指併攏，將拇指與其餘四指分開，拇指與食指中間的部位就是虎口，虎口威力大，作用多，具有防禦和攻擊的雙重作用。

攻擊時可切割敵人的喉管，也可進一步演化為鎖喉。（圖2－12）

12. 肘

肘是前臂和上臂的連接處，是貼身近戰的一種攻防利器，殺傷力較大。攻擊力點為肘尖、前臂、上臂。（圖2－13）

13. 髖

髖位於上肢和下肢的連接處，格鬥中靠近對方可以撞擊敵人。著力點為胯部側面。（圖略）

14. 膝

膝是大小腿的連接部位，主要攻擊敵人襠部、腹部，也可用於砸擊已倒地的敵人。

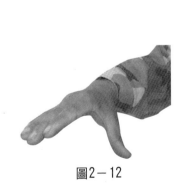

圖2－12

圖2－13

攻擊主要有由下向上的頂擊和向斜上方的撞擊兩種形式。(圖2-14)

15. 腳

腳可以攻擊敵人各個要害部位。腳背可以踢擊敵人肋部、腎、下腹、襠部、大腿和小腿，腳跟可以蹬擊敵人胸、襠等部。(圖2-15)

圖2-14

圖2-15

第三章

特種部隊徒手格鬥術的基本技術與訓練方法

第一節　實戰姿勢

實戰姿勢是一切徒手格鬥技術的基礎，正確完美的姿勢是搏擊靈活多變、迅猛快捷的保證。但實際上不少初學者只注重拳腳技術而忽視了實戰姿勢。基礎不牢，怎能建成大廈？所以基本姿勢是受訓士兵首先要掌握的技能。（圖3－1）

圖3－1

一、身體各部的實戰姿勢

1. 頭部姿勢

頭部是雙方搏鬥時打擊的主要目標之一。實戰中頭略向前低，下頷內收，閉口叩齒。進攻時，頭部可稍加搖晃，以迷惑敵人。在訓練或是實戰時要使頭部舒適自然和協調。

2. 兩拳姿勢

雙臂彎曲約為45°。雙手握拳置於臉部兩側以保護頭部，雙肘貼近身體，以保護肋部。同時肩、臂、拳要協調放鬆。一般左拳在前，右拳在後。

3. 軀幹姿勢

軀幹姿勢的正確與否對實戰搏擊起到至關重要的作用。實戰中應側身面對敵人，需要含胸、收腹，實戰中身體儘量保持放鬆、協調。

4. 兩腳姿勢

兩腳始終前後站立，兩腳之間距離比肩稍寬，兩腿稍屈，兩腳掌著地，腳跟微提起，重心保持在兩腿之間。

二、實戰姿勢的注意事項

1. 練習實戰姿勢時不要緊張，雙拳不要用力握緊，雙肘放鬆協調，收腹和低頭不僵硬，切忌過於死板。

2. 手、腳必須互相配合，保護好身體和頭部，兩膝彎曲不宜過大，否則會影響步法的移動。

3. 身體重心不可偏前或偏後。

三、實戰姿勢的練習方法

1. 對著鏡子練習實戰姿勢，自我檢查實戰姿勢的正確性。

2. 練習在移動中保持實戰姿勢，按照格鬥的步法做前進、後退和左右移動練習。

3. 在跑步過程中迅速擺出實戰姿勢。

4. 左右實戰姿勢互換練習。在實戰搏擊時，有時是右腳在前，有時是左腳在前，無論何種姿勢，都應舒適協調。

5. 經常練習跳繩，以增強步法的靈活性。

6. 經常同夥伴做互相踩腳練習，以增強腳步的變化和轉化能力。

第二節　步法訓練

步法是根據格鬥的特點，從打鬥的實際需要出發，調整與對手之間的距離。步法是格鬥術的重要組成部分，它是防守之魂，進攻之根。步法具有調整與對手的距離、保持身體平衡、迷惑敵人、掌握攻防節奏、恢復體能、增強動作的殺傷力等作用。

一、常用步法

1. 進　步

從實戰姿勢開始。左腳向前進一步，右腳隨之跟進一

步，並立刻恢復實戰姿勢。

2. 退　步

從實戰姿勢開始。右腳向後退一步，左腳隨即後退一步，並立刻恢復實戰姿勢。

3. 左滑步

從實戰姿勢開始。右腳蹬地，左腳向左側上一步，隨之右腳迅速向左跟進一步，動作完成後迅速恢復實戰姿勢。

4. 右滑步

從實戰姿勢開始。左腳蹬地，右腳向右側上一步，隨之左腳向右跟進一步，動作完成後迅速恢復實戰姿勢。

5. 撤　步

從實戰姿勢開始。以右腳為軸向內轉動，左腳向後撤步，動作完成後迅速恢復實戰姿勢。

二、腳步移動訓練方法

1. 單獨訓練。將學過的基本步法逐一練習，逐步過渡到步法組合練習。

2. 跳繩練習。包括練習單腳跳、雙腳跳等。

3. 兩人一組，一人喊口令，另一人按口令做腳步移動練習，發現錯誤動作及時糾正。

4. 雙人練習。兩人一組相距約1公尺，進行步法練習。甲方進步則乙方退步。其他步法也是如此。要儘量避免肌肉過分緊張。

第三節　拳法訓練與應用

拳法是特種部隊格鬥術中最具威力的技法之一，因為它具有速度快、靈活多變的特點，是摧毀性極強的攻擊武器。

特種部隊徒手格鬥術的拳法與拳擊基本相同。但特種部隊徒手格鬥術講究實效，崇尚自由發揮，故拳法除直拳、勾拳、擺拳等基本拳法外，還有許多在打鬥中創造摸索出來的奇異拳招。

此類拳法的運用沒有規則限制，只要實戰搏擊需要就可隨時採用。在本節我們重點介紹直拳、勾拳、擺拳等常規拳法，而一些怪異的拳法，我們將在後面介紹。

一、拳法的標準定型

1. 直　拳

(1) 左直拳標準定型

【動作要領】

在實戰姿勢的基礎上。右腳蹬地，重心稍前移，上體向右水平擰轉，以前臂帶動拳頭迅速向前衝出，擊完後恢復實戰姿勢。（圖 3－2、圖 3－3）

【發力方法】

藉助右腳蹬地之力將身體重心移到左腿上，將腿、腰、髖部的力量送至肩、臂，經拳面爆發衝出。在拳面接觸目標的瞬間，拳面稍向內扭動，增加直拳的穿透力。

(2) 右直拳標準定型

【動作要領】

在實戰姿勢的基礎上。右腳忽然蹬地，上體、腰部向左旋轉，帶動右拳向前衝出，擊完後恢復實戰姿勢。(圖3-4、圖3-5)

圖3-2

圖3-3

圖3-4

圖3-5

【發力方法】

借右腳蹬地之力，擰腰、展髖、送肩使力達拳面。

2. 擺　拳

(1) 左擺拳標準定型

【動作要領】

身體右轉帶動左拳向右前方擺擊，拳心向外，重心移至右腳，力達拳面。擊完後立即恢復實戰姿勢。（圖3－6、圖3－7）

【發力方法】

借身體右轉和擰腰之力帶動左拳向右前方擺擊。

(2) 右擺拳標準定型

【動作要領】

從實戰姿勢開始。右肘抬起與肩平，前臂彎曲，右腳蹬地，身體猛然左轉，帶動右拳向左前方衝出，擊完後恢復實戰姿勢。（圖3－8、圖3－9）

圖3－6　　　　　圖3－7　　　　　圖3－8

【發力方法】

右腳蹬地，擰腰、身體左轉帶動右臂向前衝出，上體略向右前傾。右拳擊向目標時，手腕內轉，力達拳面。

3. 勾 拳

(1)左上勾拳標準定型

【動作要領】

在實戰姿勢的基礎上。左臂彎曲成90°或小於90°夾角，身體前俯並右轉帶動左拳向前上方衝出。

在衝拳的同時，腳蹬地，挺身加速，左拳呈弧形上衝，拳心向內，拳面向前、向上衝擊目標。(圖3-10、圖3-11)

【發力方法】

轉體疾速，要以腿、腰、肩、臂帶拳，自下而上發力。當拳頭接近目標時要握緊加速。

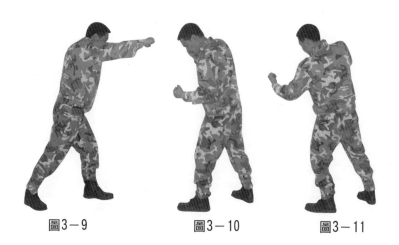

圖3-9　　　　　圖3-10　　　　　圖3-11

（2）右上勾拳標準定型

【動作要領】

同左上勾拳。（圖3－12、圖3－13）

【發力方法】

同左上勾拳。

圖3－12　　　　　圖3－13

4. 背　拳

（1）左背拳標準定型

【動作要領】

　在實戰姿勢的基礎上。向前微抬左臂。以肘關節為軸，揮前臂以拳背擊向目標，手臂伸直，手腕用力向前上方彈抖，以拳背擊向目標。擊完後恢復實戰姿勢。（圖3－14～圖3－16）

圖3－14

【發力方法】

以肘關節或腕關節的轉動帶動拳背進行攻擊。揮拳時我們可以感覺像是揮鞭子一樣彈了出去，又彈了回來。

圖3－15　　　　　　　　圖3－16

(2) 右背拳標準定型

【動作要領】

同左背拳。（圖3－17、圖3－18）

圖3－17　　　　　　　　圖3－18

【發力方法】

同左背拳。

二、拳法的訓練方法

1. 原地空擊訓練。

2. 配合各種步法訓練。

3. 打手靶訓練。

4. 手握皮球訓練，當拳接近目標的瞬間，突然緊握皮球。

5. 打沙袋練習。

6. 兩人實戰對練。

三、拳法的應用舉要

1. 敵我對峙。我以左直拳攻擊敵人頭部，隨即下潛沉身，以右直拳虛晃敵腹，將敵方注意力引到中段後，我再以左擺拳猛擊敵人頭部。（圖3－19～圖3－21）

圖3－19　　　　　　　　圖3－20

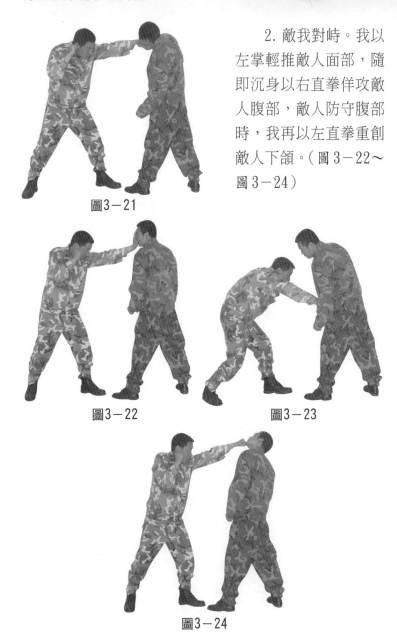

2.敵我對峙。我以左掌輕推敵人面部，隨即沉身以右直拳佯攻敵人腹部，敵人防守腹部時，我再以左直拳重創敵人下頜。(圖3－22～圖3－24)

圖3－21

圖3－22　　　圖3－23

圖3－24

3. 敵我對峙。我向右側躲開敵人的左側踹，並以左手勾摟住敵人左腿，右直拳反擊敵人面部。（圖3－25）

4. 敵我對峙。我逼近敵人，以右直拳攻擊其面部，敵人欲後退，我上步以左上勾拳攻擊敵人胸、腹，若敵人彎腰時，我再以右擺拳重擊敵人太陽穴。（圖3－26、圖3－27）

圖3－25

圖3－26

圖3－27

5. 敵我對峙。敵人企圖出腿攻擊我的瞬間，我搶先以右腿踹擊敵人膝部。

接著以右拳攻擊敵人頭部，若敵人以右手擋住，我迅速抓住敵人右手猛拉，同時以左拳攻擊敵人面部。（圖3－28～圖3－30）

圖3－28

圖3－29　　　　　　　圖3－30

6. 敵我對峙。我左拳虛晃，並以左側踹攻擊敵人前腿膝部，隨後我左腳向前落地，同時以右直拳猛擊敵人面部。（圖3－31～圖3－33）

圖3－31

圖3－32　　　　　　圖3－33

7. 敵我對峙。敵人以右擺拳攻我頭部，我低頭躲過來拳，接著以左直拳反擊敵人面部，趁敵中招遲滯，我再以右擺拳猛擊敵人太陽穴。（圖3－34～圖3－36）

圖3－34　　　　　　　　圖3－35

圖3－36

第四節　掌指法訓練與應用

掌指技術亦是特種部隊徒手格鬥術的重要組成部分。俗話說：「寧挨十拳，不挨一掌。」「拳不如掌，掌不如指。」也就是說，掌指攻擊與以拳法攻擊相比，掌指法具有更大的殺傷力，但指腕關節是脆弱的小關節，力量差、易受傷。所以，只有手型正確，力量才能集中，才能避免指關節和腕關節挫傷。

一、掌指法的標準定型

1. 戳　指

（1）左戳指標準定型

【動作要領】

在實戰姿勢的基礎上。左手成掌，手臂內旋，平肩直插，掌心朝下，力達指尖。（圖3－37、圖3－38）

（2）右戳指標準定型

【動作要領】

身體左轉，右手成掌，手臂內旋，向前直刺敵人雙目，掌心向下。（圖3－39、圖3－40）

圖3－37

圖3-38　　　圖3-39　　　圖3-40

2. 手刀

（1）左手刀的標準定型

【動作要領】

在實戰姿勢的基礎上。左手屈臂抬起，重心迅速前移，擰腰轉髖，以掌沿為力點，由上向下或水平砍擊。擊打後迅速恢復實戰姿勢。（圖3-41、圖3-42）

圖3-41　　　　　圖3-42

（2）右手刀的標準定型

【動作要領】

與左手刀相同。（圖3－43、圖3－44）

圖3－43　　　　　圖3－44

3. 掌根推擊

（1）左掌根推擊的標準定型

【動作要領】

在實戰姿勢的基礎上。右腳蹬地，重心前移，然後反彎左手腕，利用轉腰、催肘、起身之力，短促地向斜上方運力推擊，使掌底擊向目標。擊完後迅速恢復實戰姿勢。（圖3－45～圖3－47）

圖3－45

圖3-46　　　　　　　　圖3-47

(2) 右掌根推擊的標準定型

【動作要領】

在實戰姿勢的基礎上。身體內旋，反彎右手腕，利用身體左旋、催肘、起身之力，向斜上方運力推擊，使掌底擊向目標。擊完後迅速恢復實戰姿勢。(圖3-48、圖3-49)

圖3-48　　　　　　　　圖3-49

二、掌指法的訓練方法

1. 原地空擊訓練。
2. 配合手靶訓練。
3. 打、劈沙袋、樹木、木人樁、磚塊等訓練。
4. 兩人實戰對練。

三、掌指法的應用舉要

1. 敵我對峙。敵人以右直拳向我攻來，我以左手格擋來拳，以右拳猛擊敵人面部。乘敵中招遲滯，我快速換手，以右手抓住敵人右腕，以左底掌猛擊敵人下頜。（圖3－50～圖3－52）

2. 敵我對峙。敵人以右拳攻來，我左掌擋住對方右拳的進攻，出右手虎口攻擊敵人咽喉，並鎖住敵人喉部。（圖3－53、圖3－54）

圖3－50　　　　　　　圖3－51

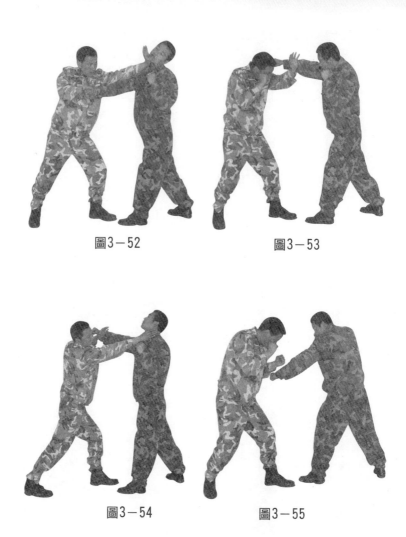

圖3-52　　　　　　　　　圖3-53

圖3-54　　　　　　　　　圖3-55

3. 敵我對峙。敵人以左直拳攻我腹部，我向右閃身躲過來拳，緊接著以左手擒抓敵人左手腕猛拉，同時以右手刀猛砍敵人頸後，重創敵人。(圖3-55～圖3-57)

圖3－56

圖3－57

4. 敵我對峙。當敵人抓住我的衣領時，我下拉敵人手臂，以右底掌猛擊敵人下頜。（圖3－58、圖3－59）

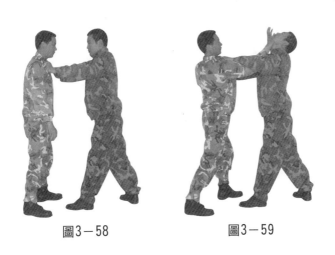

圖3－58

圖3－59

5. 敵我對峙。我以雙手抓住敵人護頭的雙臂用力下拉，使其失去對面部的防守，隨即以右底掌猛擊敵人下頜。（圖3－60、圖3－61）

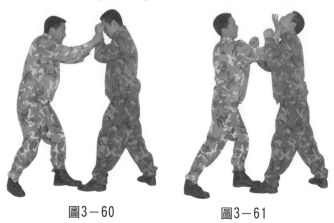

圖3－60　　　　　　圖3－61

6. 敵人以右拳攻來，我以左臂格擋敵人右拳，左腿單膝跪地，以右掌猛擊敵人下頜。（圖3－62、圖3－63）

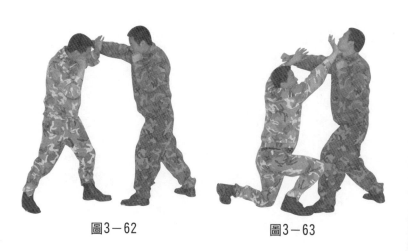

圖3－62　　　　　　圖3－63

7. 敵我對峙。我以左彈踢攻擊敵人襠部，敵人收腹避讓。

我在左腿落地的同時以左直拳攻擊敵人面部，再以右戳指直刺敵人眼睛。（圖3－64～圖3－66）

圖3－64

圖3－65　　　　　　　　圖3－66

8. 敵我對峙。我突然以右掃踢猛踢敵人左小腿，當敵人失去重心後倒之時，我迅速向敵人身後跨步，右大腿緊貼敵人左臀及腿部，右手箍住敵頸部。左手抓住敵人左肩後拉，右腿用力別摔，使敵人倒地，並以右掌猛砍敵人頸動脈。（圖3－67～圖3－69）

圖3－67

圖3－68　　　　　圖3－69

9. 敵我對峙。在敵人以右拳向我進攻的瞬間，我迅速以插掌戳擊敵人眼睛，再以彈踢攻擊敵人襠部。（圖3－70、圖3－71）

圖3－70　　　　　　　　　　圖3－71

10. 敵人以右拳攻來，我向左閃躲，並以右拳擊打敵人肋部。接著以右手按壓敵人肩部順勢下滑，控制住敵人右臂，同時以左掌背攻擊敵人面部。隨即再以右戳指插擊敵人眼睛。（圖3－72～圖3－75）

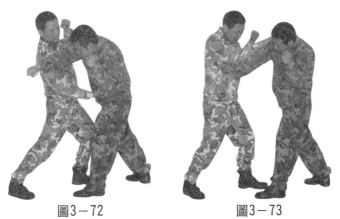

圖3－72　　　　　　　　　　圖3－73

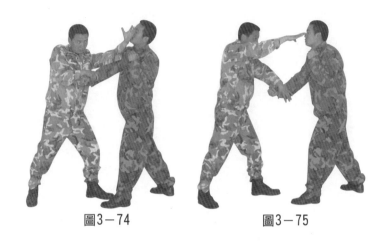

圖3－74　　　　　　　　圖3－75

11. 敵我對峙。敵人以右直拳攻擊我頭部，我以左前臂向外格擋，同時以右底掌猛擊敵人鼻子，重創敵人。（圖3－76）

圖3－76

12. 敵人右拳攻擊我面部，我迅速向左閃躲，同時用左手抓住敵人右臂，用右手刀猛砍敵人頸部。

隨後用右臂箍住敵人頸部，加力擰抬敵人頸部，以殺死敵人。（圖3－77～圖3－79）

圖3－77　　　　　　　　圖3－78

圖3－79

13. 近距離搏鬥時，敵人雙手扣住我兩手腕，我用力使雙臂交叉，右臂在上，左臂在下，左手反抓敵人左腕，右手掙脫後以底掌向敵人下頜猛推。（圖3－80～圖3－82）

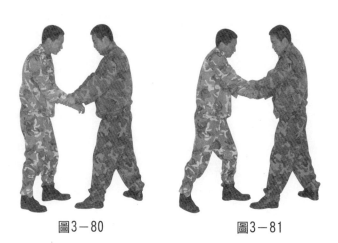

圖3－80　　　　　　　　圖3－81

圖3－82

第五節　腿法訓練與應用

　　腿法技術是特種部隊徒手格鬥術中最重要的技法之一，在實戰搏殺中佔有較大的比重。具有踢擊距離遠、攻擊力強、力度大、進攻範圍大等特點，主要分為高位踢擊和低位踢擊兩種。

　　高位踢擊需要士兵具有良好的腿部柔韌性和良好的身體平衡感，在短期內很難掌握。所以，大多數的特種部隊都會練習一些低位踢擊術，很少有人練習那些高位踢技。

　　當然也有例外，北韓的特種兵就接受以踢技為主的跆拳道技擊培訓，而且都能掌握凌厲威猛的高位踢擊技法，能用腳踢碎一人高的木板。

　　與北韓特種兵訓練相似的還有俄羅斯的特種兵，這些接受過薩姆勃格鬥訓練的士兵，能用穿靴的腳給敵人頭部以致命的、毀滅性的一擊。

　　不過，這些部隊在軍事表演和訓練所展示的高位踢技，在生死搏殺中一般是根本不可取的，因為高位踢擊具有預兆大、路線長、空檔多、易遭反擊、平衡難控制等弱點，不適合在實戰搏殺中使用。

　　在搏擊時使用低位踢擊不易被敵人反擊，因為在低位踢擊時單腳離地的時間短，而且由於踢擊都是腰部以下的部位，所以收腳時間也很短，具有很好的隱蔽性。

　　敵人一般只注意防範中、上段的進攻，而對於低位踢擊很難防守。

一、腿法的標準定型

1. 前　踢

(1) 左前踢

【動作要領】

在實戰姿勢的基礎上。右腿向前上半步，左腿屈膝使大小腿重疊，以膝關節為軸，小腿向前上彈出。踢完後恢復實戰姿勢。（圖3－83、圖3－84）

【發力方法】

小腿借大腿向前提膝和身體前移的力量向前彈出，力達腳背。

(2) 右前踢

【動作要領】

在實戰姿勢的基礎上。左腿向前上半步，右腿屈膝使

圖3－83　　　　　　　圖3－84

大小腿重疊，以膝關節為軸，小腿向前彈出。踢完後恢復實戰姿勢。（圖3－85、圖3－86）

【發力方法】

小腿借大腿向前提膝和身體前移的力量向前彈出，力達腳背。

圖3－85　　　　　　　　　　圖3－86

2. 側　踹

（1）左側踹

【動作要領】

從實戰姿勢開始。右腿稍屈，身體略右偏，左腿屈膝提起，腳尖勾起，以腳掌向目標踹擊。擊完後迅速恢復實戰姿勢。（圖3－87、圖3－88）

【發力方法】

充分利用展髖、挺膝和腰部力量，力達腳掌。

圖3－87

圖3－88

（2）右側踹

【動作要領】

從實戰姿勢開始。向左轉體180°；同時，右腿屈膝提起，上體順勢側傾；小腿外擺，腳尖勾起，以腳掌向目標踹擊，踹完後恢復實戰姿勢。（圖3－89、圖3－90）

圖3－89

圖3－90

【發力方法】

充分利用展髖、挺膝和腰部力量，力達腳掌。

3. 前　蹬

(1) 左前蹬

【動作要領】

由實戰姿勢開始。左腿屈膝提起，大腿儘量靠近身體，腳掌正對前方，送髖，由屈到伸迅速向前蹬出，力達腳掌。

蹬完後迅速恢復實戰姿勢。(圖3－91、圖3－92)

【發力方法】

腳蹬地的同時送髖，臀部用力，力達腳掌。

(2) 右前蹬

【動作要領】

由實戰姿勢開始。右腿屈膝提起，大腿儘量靠近身體，腳掌正對前方，送髖，由屈到伸迅速向前蹬出，力達

圖3－91　　　　　　圖3－92

圖3－93　　　　　　　　圖3－94

腳掌。蹬完後迅速恢復實戰姿勢。（圖3－93、圖3－94）

【發力方法】

腳蹬地的同時送髖，臀部用力，力達腳掌。

4. 掃　踢

（1）左掃踢

【動作要領】

在實戰姿勢的基礎上，右腳向右前上步，腳尖外展；同時，左腿屈膝提起，身體右轉，帶動左腿橫向由外向上、向前弧形擺踢，力達腳背、脛骨，踢完後恢復實戰姿勢。（圖3－95、圖3－96）

【發力方法】

以腰帶腿，逐漸加速擰腰、轉髖，彈擊的力量。

（2）右掃踢

【動作要領】

在實戰姿勢的基礎上，左腳向前上步，腳尖外展；

圖3－95　　　　　　　　圖3－96

右腿屈膝提起，身體左轉，帶動右腿橫向由外向上、向前弧形擺踢，力達腳背、脛骨，踢完後迅速恢復實戰姿勢。（圖3－97、圖3－98）

【發力方法】

以腰帶腿，逐漸加速擰腰、轉髖，彈擊的力量。

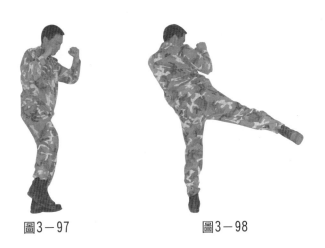

圖3－97　　　　　　　　圖3－98

二、腿法的訓練方法

1. 原地空擊訓練。
2. 提膝靠胸練習。
3. 結合各種步法進行各種腿法的轉換練習。
4. 對著鏡子做各種空擊動作。
5. 踢打沙袋、腳靶練習。
6. 扶物體做各種腿法練習。
7. 兩人做條件性實戰練習。

三、腿法的應用舉要

1. 敵我對峙。敵以右拳攻來，我左臂格防；同時，以右腳彈踢敵人襠部。踢完後右腳落地，左腳向前跨步，以右腳彈踢敵人左腿後側，並用右手刀猛砍敵頸後。（圖3－99～圖3－102）

圖3－99

圖3－100

圖3－101　　　　　　　　　　圖3－102

2. 敵我對峙。我逼近敵人，以左拳虛晃；同時，以右擺拳擊打敵人頭部，若敵人後退躲過，我迅速以左腳前踢敵人襠部。（圖3－103～圖3－105）

圖3－103　　　　　　　　　　圖3－104

圖3－105

3. 敵我對峙。我進身切入，同時以左直拳虛晃，若敵人以右臂格架，我迅速以右直拳擊打敵人面部，再以前蹬腿蹬踢敵人腹部。（圖3－106～圖3－108）

4. 敵我遠距離對峙。當敵人進身，欲以直拳攻擊我的瞬間，我迅速以側踹攻擊敵人腹、肋。（圖3－109、圖3－110）

圖3－106　　　　　　　　圖3－107

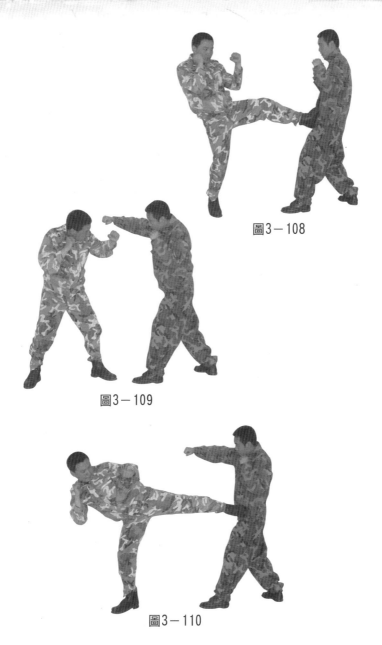

圖3－108

圖3－109

圖3－110

5. 敵我對峙。在敵出腿攻擊我的瞬間，我搶先以左側踹阻截敵人的進攻腿，同時以左直拳擊打敵人面部。（圖3－111～圖3－113）

圖3－111

圖3－112

圖3－113

6. 敵我對峙。我進步，以左直拳虛晃敵人面部，若敵後退閃躲，我迅速以左腳彈踢敵人襠部，再續以右掃踢猛踢敵人腰、肋，重創敵人。（圖3－114～圖3－116）

圖3－114

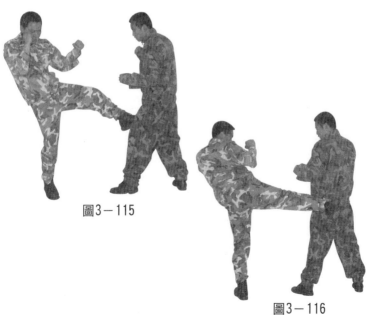

圖3－115

圖3－116

7. 敵我對峙。我突然以左彈腿踢擊敵人襠部，若敵人防守，我迅速向前落步，同時用右腿掃踢敵人膝部，接著再以左腿掃踢敵人腰、肋部（圖3－117～圖3－119）

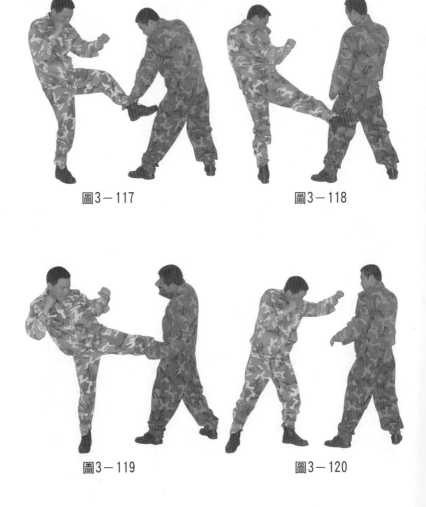

圖3－117　　　　　　　　圖3－118

圖3－119　　　　　　　　圖3－120

8. 敵我對峙。我以左直拳佯攻，同時以右直拳攻擊敵人面部，若敵後退躲過，我迅速以右側踹攻擊敵人腰、腹部，重創敵人。（圖3－120～圖3－122）

圖3－121　　　　　　　　　圖3－122

9. 敵我對峙。我以左直拳攻擊敵人面部，若敵人用右臂格擋，我便以右橫肘猛擊敵人腮部。趁敵中招後退時，我再以左彈踢攻擊敵人襠部。（圖3－123～圖3－125）

圖3－123　　　　　　　　　圖3－124

圖3－125

10. 敵我對峙。我佯裝出拳，將敵人注意力引至上段，然後以右腳彈踢敵人襠部。（圖3－126、圖3－127）

圖3－126　　　　　　圖3－127

11. 敵我對峙。當敵人欲起腿攻擊時，我搶先以左腳踹擊敵人膝關節；然後用左底掌猛推敵人下頜，再續以右膝猛頂對方腹部。（圖3－128～圖3－130）

圖3－128

圖3－129

12. 敵人以右腳踢我襠部，我迅速後退，同時擒抓敵人的腳踝，迅速以左腳彈踢敵人襠部。（圖3－131、圖3－132）

圖3－130

圖3－131

圖3－132

13. 敵我對峙。我突然以左戳指刺擊敵人眼睛，若敵邊退邊以右手防守時，我迅速上右步，以右擺拳重擊敵面部，趁敵中招遲滯，我迅速以左腳彈踢敵人襠部。（圖3－133～圖3－135）

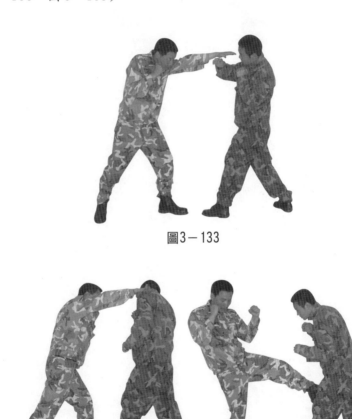

圖3－133

圖3－134　　　　　　　　圖3－135

第六節　肘法訓練與應用

在徒手搏鬥中，肘、膝法是造成敵人傷殘乃至喪命的武器。世界各國的大多數軍隊中都很重視肘、膝法的教學，尤其是亞洲的泰國、越南、北韓、老撾、緬甸等國家的精銳部隊更是不惜花費大量的時間和金錢對士兵進行肘、膝的強化訓練。

肘擊，是在近距離格鬥所使用的技法之一。肘關節的骨頭較為堅硬，抗擊能力強，具有速度快、難防守等特點。肘擊在近身格鬥時往往令人防不勝防，其威力不但瞬間可使敵人頭破血流，傷筋斷骨，而且還可能危及敵人的性命，因此有「肘過如刀」之說。

肘擊的訣竅是，發肘時屈臂勿過緊，雙拳要虛握，如果屈臂太緊易造成肘擊動作緩慢、僵硬、沒有彈性。施肘時借腳蹬地之力將腿、腰、髖部的力量催送至肩，再傳送至肘尖爆發而出。當和敵人面對面扭在一起時，肘關節應儘量緊貼身體，這樣易擺脫敵人的抓拿，從而撞擊敵人的下頜、鼻、眼三角區。

一、肘法的標準定型

1. 橫　肘

（1）左橫肘

【動作要領】

由實戰姿勢開始。左腿向前進半步，身體右轉，以

擰腰之力帶動左肘由外向裡橫擺。擊完後恢復實戰姿勢。
（圖3－136～圖3－138）

【發力方法】

借腳蹬地之力，轉身帶動肩、肘發力。

圖3－136　　　　圖3－137　　　　圖3－138

（2）右橫肘

【動作要領】

在實戰姿勢的基礎上，左腿向前進半步，身體左轉，以擰腰之力帶動右肘由外向裡橫擺。擊完後恢復實戰姿勢。（圖3－139～圖3－141）

【發力方法】

借腳蹬地之力，轉身帶動肩、肘發力。

2.頂　肘

（1）左頂肘

【動作要領】

在實戰姿勢的基礎上，左腳向前邁一步，右腳猛然蹬

圖3－139　　　　　圖3－140　　　　　圖3－141

地，重心前移，同時，左臂折疊抬起，與肩同高，拳心向
下，以肘尖領先直線向前撞擊，力達肘尖。擊完後恢復實
戰姿勢。（圖3－142、圖3－143）

【發力方法】

肘由後向前撞擊，力走直線，充分利用腳蹬地之力，

圖3－142　　　　　　　圖3－143

用肩膀將肘向前推送。要以腰帶肘，身體稍前傾，以提高肘的穿透力。

(2) 右頂肘

【動作要領】

在實戰姿勢的基礎上，右腳快速前跨，重心前移，同時，右臂折疊抬起，與肩同高，拳心向下，以肘尖領先直線向前撞擊目標，力達肘尖。擊完後恢復實戰姿勢。（圖3－144～圖3－146）

【發力方法】

肘由後向前撞擊，力走直線，充分利用腳蹬地之力，用肩膀將肘向前推送。要以腰帶肘，身體稍前傾，以提高肘的穿透力。

圖3－144

圖3－145

圖3－146

3. 挑　肘

(1) 左挑肘

【動作要領】

在實戰姿勢的基礎上，左腳向前進半步，右腳緊跟，雙腳蹬地、挺身、提肩，帶動左肘由下向上迅速挑打。擊完後恢復實戰姿勢。（圖3－147～圖3－149）

【發力方法】

借蹬地、擰腰、送肩之力，帶動肘部向上頂擊。

圖3－147　　　　　圖3－148　　　　　圖3－149

(2) 右挑肘

【動作要領】

由實戰姿勢開始。右腳向前進半步，左腳緊跟，雙腳蹬地、挺身、提肩，帶動右肘由下向上迅速挑打。擊完後恢復實戰姿勢。（圖3－150、圖3－151）

【發力方法】

借蹬地、擰腰、送肩之力，帶動肘部向上頂擊。

圖3－150　　　　　　　　圖3－151

4. 砸　肘

（1）左砸肘

【動作要領】

　　在實戰姿勢的基礎上，左臂前收、肘尖上抬，右拳護住頷部，身體迅速下沉，帶動左肘由上向下砸擊，力達肘尖。擊完後恢復實戰姿勢。（圖3－152～圖3－154）

圖3－152　　　　圖3－153　　　　圖3－154

【發力方法】

擊肘時身體迅速下沉，力達肘尖，含胸收腹。

(2)右砸肘

【動作要領】

在實戰姿勢的基礎上，右腳向前上一步，右臂前收，肘尖上抬，左拳護住頜部，身體迅速下沉，帶動右肘由上向下砸擊，力達肘尖。擊完後恢復實戰姿勢。（圖3－155、圖3－156）

【發力方法】

擊肘時身體迅速下沉，力達肘尖，含胸收腹。

圖3－155　　　　　圖3－156

二、肘法的訓練方法

1. **空擊練習**。提高肘法技能及協調能力，可配合各種步法練習。

2. **擊手靶練習**。正確掌握發力的方法和肘的擊打時

機，提高擊肘的準確性。

3. **打沙袋練習**。提高肘的攻擊力和肘的硬度。

4. **肘臥撐**。以肘撐地，手托頭側，做側臥動作。

5. **肘爬行**。以肘代手做爬行動作

6. 實戰練習，提高肘的進攻技能。

三、肘法的應用舉要

1. 敵我對峙。我迅速用左手握住敵人的右上臂；同時，使用右肘猛擊敵人下頜。（圖3－157、圖3－158）

圖3－157　　　　　圖3－158

2. 敵我對峙。敵人上右步，以右擺拳攻我頭部，我左手格擋其右拳，右腳橫掃敵人右膝部，再以右橫肘猛擊敵人面部。（圖3－159～圖3－161）

3. 敵我對峙。我先以左直拳虛晃，接著上步，以右勾拳猛擊敵人肋、腹部。趁敵中招遲滯，我再以左橫肘攻擊敵人面部。（圖3－162～圖3－164）

圖3－159

圖3－160

圖3－161

圖3－162

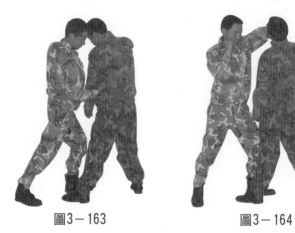

圖3－163　　　　　　　　圖3－164

4. 我迅速從正面以右肘攻擊敵人頸部，緊接著下拉敵人頭部，並以左膝攻擊敵人面部，然後再以右肘猛擊敵人後腦。（圖3－165、圖3－166）

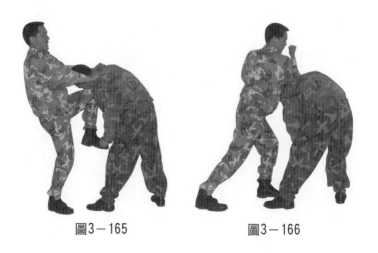

圖3－165　　　　　　　　圖3－166

5. 敵我對峙。我以左拳攻擊敵人頭部，敵人若俯身躲閃，我迅速用右肘下砸敵人後腦，重創敵人。（圖3－167、圖3－168）

圖3－167　　　　　　　　圖3－168

6. 敵我對峙。我進身切入，以右拳佯攻，緊接著以左拳擺擊敵頭部，若敵下潛躲過我拳，我迅速以砸肘攻擊敵人頸部，並迅速提膝撞擊敵人面部。（圖3－169～圖3－172）

圖3－169　　　　　　　　圖3－170

圖3－171　　　　　　　　　圖3－172

7. 敵人突然下潛，欲抱我雙腿。我向後退一步，以肘朝下砸擊敵人脊背。（圖3－173）

圖3－173

8. 敵我對峙。我以左拳佯攻，緊接著以右彈踢攻擊敵人襠部，落右腳時身體前俯，以右肘挑擊敵人下頜。（圖3－174～圖3－176）

圖3－174

圖3－175

圖3－176

9. 敵我對峙。我以左拳虛晃擾敵，緊接著以右拳擊打敵人面部，如敵外格我拳，我迅速以左肘猛擊敵人太陽穴。(圖3－177～圖3－179)

圖3－177

圖3－178

圖3－179

第七節　膝法訓練與應用

在近距離搏鬥時，以膝關節衝撞敵人也是非常有效的招法，因為膝法的隱蔽性好，扭在一起時敵人很難發現我方的攻擊意圖。用膝撞擊敵人的襠部、肋部、胃部、腿部，命中率高，能使敵人在瞬間喪失戰鬥能力。

在實戰搏擊時，為了增強膝法的撞擊力，在施膝時應輔以收腹、提臀協調一致的合力，才能最大限度地發揮膝擊的威力。

另外，除了發揮膝法之外，還需要手的配合，可先以兩手緊扣敵人頸部，左右搖晃，使其失去重心，同時雙手從兩側摟住敵人頭部，用前臂緊緊鉗住敵人的頸部，迅速提膝撞擊敵人。也可夾緊敵人的頸部向後推，利用敵人反抗的力量，提膝撞擊敵人襠部。

欲施膝法攻擊敵人時，不能老看著自己的膝部。否則會使敵人有所警覺，使膝法攻擊難以奏效。其次，不能老盯著敵人的襠部，而是要有意識地不看所要擊打的目標，抓住戰機，果斷出擊，使敵人猝不及防而遭受重擊。

一、膝法的標準定型

1. 頂　膝

（1）左上頂膝

【動作要領】

由實戰姿勢開始。重心後移，右腿支撐身體重心，左

腿屈膝，以膝尖為力點迅速向上頂擊。擊完後恢復實戰姿勢。（圖3－180、圖3－181）

【要點】

提臀、提腿要快，支撐腿要穩，頂膝要狠。

圖3－180　　　　　　圖3－181

（2）右上頂膝

【動作要領】

由實戰姿勢開始。重心前移，左腿支撐身體重心，右腿屈膝，以膝尖為力點迅速向上頂擊。擊完後恢復實戰姿勢。（圖3－182、圖3－183）

【要點】

提臀、提腿要快，支撐腿要穩，頂膝要狠。

2. 前衝膝

（1）左衝膝

【動作要領】

由實戰姿勢開始。右腳上前半步，身體自然前移，

重心落於右腿；左腿屈膝，以膝尖為力點向斜前上方猛力
撞擊，力達膝尖。擊完後恢復實戰姿勢。（圖3－184、圖
3－185）

圖3－182　　　　　　　　圖3－183

圖3－184　　　　　　　　圖3－185

【要點】

提臀要有力，收腹要自然，雙手前伸要適度，支撐腿要穩固，步法要靈活。

(2) 右衝膝

【動作要領】

由實戰姿勢開始。左腳向前上步，身體重心落於左腿，右腿屈膝，以膝尖為力點向斜前上方猛力撞擊，力達膝尖。擊完後恢復實戰姿勢。（圖3－186、圖3－187）

【要點】

提臀要有力，收腹要自然，雙手前伸要適度，支撐腿要穩固，步法要靈活。

3. 側　膝

(1) 左側膝

【動作要領】

由實戰姿勢開始。雙手前伸，身體向右側傾，右腿支

圖3－186　　　　圖3－187　　　　圖3－188

撐身體，左腿屈膝提起，沿弧形軌跡撞擊目標。擊完後恢復實戰姿勢。（圖3－188～圖3－190）

【要點】

轉體、提臀用力，動作協調、自然，發力要狠。

（2）右側膝

圖3－189　　　圖3－190

【動作要領】

由實戰姿勢開始。雙手前伸，身體向左側傾，左腿支撐身體，右腿屈膝提起，沿弧形軌跡撞擊目標。擊完後恢復實戰姿勢。（圖3－191～圖3－193）

圖3－191　　　　圖3－192　　　　圖3－193

【要點】

轉體、提臀用力，動作協調、自然，發力要狠。

二、膝法的訓練方法

1.髖關節柔韌訓練。

2.空擊練習。配合步法練習各種膝法，提高膝法的協調能力。

3.沙袋練習。兩手緊箍沙袋上部，用力扳拽進行膝擊沙袋練習。

4.擊靶練習，可提高膝攻的準確性。

5.雙人對練。兩人互相摟抱，在相持抱纏或摔絆中練習膝法的靈活性。可互相箍頸、扳拽、下壓、膝撞等。

三、膝法的應用舉要

1.敵我對峙。我搶先以直拳攻擊敵人面部，乘敵人忙於防守而中盤露出空檔時，我雙手迅速扣住敵人頸部用力回拉，同時雙膝輪番頂撞敵人面部，將敵人擊癱於地。（圖3－194～圖3－196）

2.敵我對峙。敵人用右直拳向我攻來，

圖3－194

我後閃身，隨即上右步，以
雙手搶抱敵人頸部，以左右
膝撞擊敵人腹部。（圖3－
197～圖3－199）

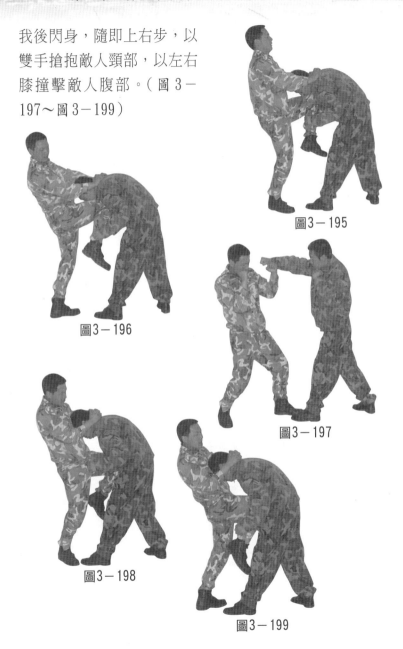

圖3－195

圖3－196

圖3－197

圖3－198

圖3－199

3. 我用掌佯攻，並以側踹攻擊敵人脛骨，敵人勢必因疼痛而彎腰，我趁勢扣住敵人頭部，用膝撞擊敵人面部。（圖3－200～圖3－202）

圖3－200

圖3－201

圖3－202

4. 敵我對峙。我上步，同時以左直拳佯攻敵人面部，若敵人彎腰躲閃，我迅速上左步，以雙手緊抱敵人頸部，以膝連環撞擊敵人胸、腹部。（圖3－203～圖3－205）

圖3－203

圖3－204

圖3－205

5. 在敵人以直拳攻擊我時，我搶先以右手戳擊敵人眼睛，接著以左肘橫擊敵人下頜，隨即再用左膝撞擊敵人腹部。（圖3－206～圖3－208）

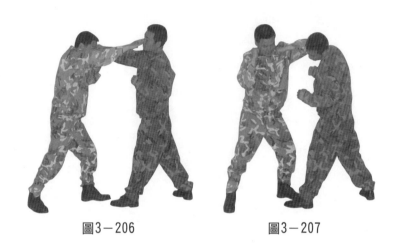

圖3－206　　　　　　圖3－207

圖3－208

　　6. 敵我對峙。敵人以右拳攻我頭部，我以左臂格擋，緊接著抓住敵雙肩向下猛扳，同時以右上衝膝撞擊敵人面部。（圖3－209、圖3－210）

圖3－209

圖3－210

7. 敵人以雙手掐住我喉部，我兩掌向上猛推敵人肘關節，同時以右膝撞擊敵人襠部，接著再以雙掌猛插敵人兩肋。（圖3－211～圖3－213）

圖3－211

圖3－212

圖3－213

第四章
特種部隊徒手格鬥術
的特殊格鬥技法

第一節 頭撞攻擊法

實戰時用頭的堅硬處撞擊敵人的薄弱處，能有效地打擊敵人。在用頭撞擊時，不管是前撞還是上撞都得用前額，因為前額靠近髮際的那部分比較堅硬，若猛烈撞擊敵人的鼻子、眼睛、下頜、太陽穴、耳後神經、鎖骨等部位，會收到良好的效果。

實戰時要儘量避免撞擊對方的牙齒部分，因為雖然撞擊牙齒會使敵人疼痛難忍，但牙齒同時也會對撞擊者造成傷害。

在實戰搏擊時應儘量避免和敵人的前額相撞，因為這種撞擊其實是忍耐力的比賽，如果對方的忍耐力比你的強，那效果就適得其反了。同樣，儘量不要以頭去頂撞那些較低的目標，這主要有兩個原因：

其一，低於鎖骨的目標，用你的手和肘進攻效果更好；

其二，頭彎得過低，對手會趁勢抱住你的頭或卡住你

的脖子從而使自己處於被動地位。

如果實施頭部撞擊術時正抓著對手衣服，應把對手猛地向自己方向拉拽，以增加頭部撞擊的力度。

應用舉要

1. 敵我近身扭鬥。敵以右手攀住我頸部，欲以左擺肘攻我頭部時，我突然壓低身體，然後向前猛撞敵人面部。（圖4－1、圖4－2）

圖4－1　　　　　　圖4－2

2. 敵人正面向我撲來，我兩手抓住敵人的兩肩，用前額猛撞敵人面部。（圖4－3、圖4－4）

圖4－3

圖4—4

3. 我被敵人從身後連同兩臂一齊抱住，上體動彈不得時。我將頭微屈，突然挺頸後撞，用頭後部撞擊敵人面部。（圖4—5、圖4—6）

圖4—5

圖4—6

4. 敵我對峙。我以右拳攻擊敵人頭部，敵人向後躲閃，並以右直拳反擊我頭部時，我迅速俯身下潛抱住敵人雙腿後拉，並以頭頂猛撞敵人腹部和拉腿之合力摔倒敵。人（圖4－7～圖4－9）

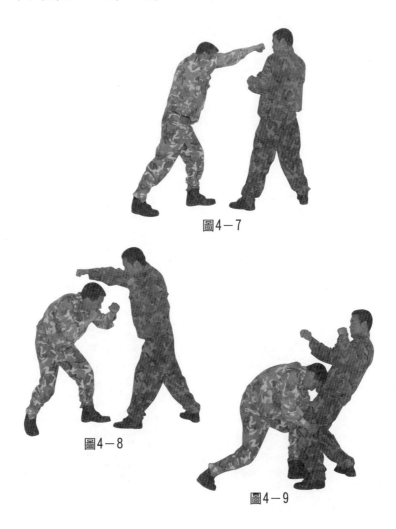

圖4－7

圖4－8

圖4－9

5. 敵我貼身近戰。敵人以右手攀住我的頸部，將我的頭控制在其下頜的正下方時，我迅速蹬直雙腿，以頭撞向敵人面部。（圖4－10、圖4－11）

圖4－10

圖4－11

6. 敵雙手用力掐我頸部，我突然下蹲，雙手同時由下向上從敵人雙手內側向外猛分，並迅速抓住敵人的雙肩用力下拉，同時用前額由下向上猛撞敵人下頜或臉部。（圖4－12～圖4－14）

圖4－12

圖4－13

圖4－14

7. 貼身近戰時。敵人以雙手抓住我雙腕，我迅速低頭撞擊敵人下頜。（圖4－15、圖4－16）

圖4－15

圖4－16

8. 內圍纏鬥時，敵雙手箍住我的頸部，欲以右膝撞擊我時，我左臂屈肘向下格防，同時以右上勾拳猛擊敵人左肋，再以頭猛撞敵人面部。（圖4－17～圖4－19）

圖4－17 圖4－17 圖4－17

第二節　抓髮攻擊法

據說在很多國家的特種部隊格鬥教學中，都有一項揪住敵人頭髮將其摔倒的戰術。

實施抓髮時，動作必須迅捷，並嚴防對手反擊。抓住敵人頭髮回拉，同時以手刀砍擊敵人頸部，再續以膝法撞擊敵人面部，然後將敵人摔倒，用腳猛力踩擊敵人。如果敵人頭髮較長，可將頭髮纏於手中，突然施勁向敵人右手外側扭絞，然後以重拳猛擊敵人面部。因為抓髮時容易將自己腋窩、肋等部位暴露在敵人的攻擊範圍之內，所以抓住敵人頭髮後應立即出招攻擊敵人，使敵人無暇反擊。

應用舉要

1. 繞至敵後，揪住敵人頭髮向後猛拉，將敵人摔倒。
（圖4－20）

2. 左手迅速抓住敵人頭髮，然後再用右手抓住敵人左手腕，拉髮使之旋轉倒地，再猛擊敵人面部，制服敵人。
（圖4－21）

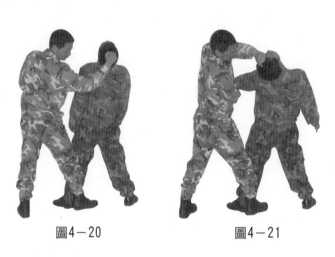

圖4－20　　　　　　　　圖4－21

第三節　小拳攻擊法

小拳，指除大拇指以外，其餘四指的第二關節彎曲緊貼手掌形成的拳法，具有較強的殺傷力。利用小拳迅猛短促地擊打敵人的鼻梁是一種絕佳的攻擊手段。敵人若被擊中後必然劇痛難耐，視線模糊，暫時失去攻擊能力，此時可趁機攻擊敵人的襠部和腹、肋，從而制服敵人。小拳攻擊的部位一般是喉結、心窩、胃等部位。

應用舉要

實戰中，我突然以右手小拳猛擊敵人鼻梁，趁敵中招遲滯，我再續以左彈踢攻擊敵人襠部。（圖4－22、圖4－23）

圖4－22　　　　　　　　圖4－23

第四節　嘴咬攻擊法

在實戰搏殺中，有經驗的特種兵從不忽略嘴咬的作用。也許有人認為嘴咬招式拙劣，但在生死存亡搏殺中只要能制服敵人，什麼樣的招法都可以使用。

嘴咬的部位一般是敵人的耳朵、手指、鼻子等部位。因為這些部位都較為突出，而且單薄脆弱，很容易咬住。在實戰中一旦咬住敵人後不要鬆口，邊咬邊以手指摳挖敵人的眼睛，使敵人陷入被動挨打的境地。

在實戰搏殺中，若敵人從前面緊緊抱住你時，可用嘴

咬敵人頸部、耳朵、鼻子或面部，這樣處於被動的你才能有獲得生存的機會。

在咬住敵人後，趁敵人疼痛的瞬間，可再以指戳、摳眼、踢襠等毒招攻擊敵人。不管如何，嘴咬是一種奪取主動權的手段，是一種攻擊的前奏。

應用舉要

敵我貼身扭鬥。敵人從前面緊緊抱住我時，我用牙齒狠咬敵人耳朵，從而制服敵人。（圖4－24）

圖4－24

第五節　杯形手掌攻擊法

兩手做杯狀，同時拍擊敵人雙耳，這是極具摧毀力的殺招，輕則能擊穿敵人耳膜，使敵人耳內出血，精神恍惚，重則會造成敵人腦震盪甚至死亡。

應用舉要

當敵人從前面以雙手掐住我的喉部時，我雙手由下向上從敵人雙臂內側向外猛分，緊接著以兩手同時拍擊敵人的雙耳。（圖4－25～圖4－27）

圖4－25

圖4－26　　　　　　　　圖4－27

第六節　掏襠攻擊法

在貼身纏鬥時，最有效的手段之一就是掏抓敵人襠部。因為襠部血管神經豐富，用力緊抓能使敵人疼痛難忍，失去反抗能力，甚至危及生命。

當被力大無窮的敵人死死摟抱住時，只要有一隻手可以活動，就可毫不猶豫地攻擊敵人襠部，這時敵人會因為疼痛難忍而放棄對我的控制和攻擊。這時若再施以其他重招，就可制服敵人反敗為勝了。

如果敵人從後面摟抱時，我快速下蹲閃開敵人的攻擊，同時以肘關節向後攻擊敵人的襠部。

應用舉要

1.敵人從後面抱住我而我右手在外面時，我迅速以右手掏抓敵人襠部。（圖4－28、圖4－29）

2.敵人從前面摟住我而我的左手在外時，我先以左手掏抓敵襠，再以頭猛撞敵人面部。（圖4－30～圖4－32）

圖4－28　　　　圖4－29

圖4－30　　　圖4－31　　　圖4－32

第七節　手指摳抓攻擊法

在和敵人摟抱纏鬥時，士兵拇指蜷曲向掌心，四指成爪狀，對敵頭、臉、頸施以抓、撕等動作。抓、撕的唯一目的就是使一個妄圖侵害你的敵人受傷致殘。

當被敵人控制住兩手尚能活動時，可以用拇指摳挖敵人的眼睛。眼睛的組織較為薄弱，若受到攻擊，能使人產生劇痛從而導致雙目失明，用手指摳挖眼睛，能使眼球破碎、眼皮撕裂。此招不到生死關頭，不要輕易使用。

應用舉要

1. 敵人從前面以雙手抱住我的腰部，我以左手環抱其腰，右手摳挖敵人面部。（圖4－33、圖4－34）

2. 敵人從前面以雙手抱住我的腰部，我以雙手抓住敵人頭兩側，以拇指摳挖敵人雙眼。（圖4－35）

圖4－33　　　　　圖4－34　　　　　圖4－35

第八節　拳側攻擊法

握拳後以小指一側敲打敵人是非常實用的攻擊技法。在和敵人纏身扭鬥時，可猛擺前臂，用拳側擊打敵人太陽穴，這時如果敵人面部失去保護，也可猛擊其鼻梁。

在實戰搏殺時攻擊敵人頸部也很有功效，肘關節放鬆，前臂猛彈，可一下擊倒敵人。此外，鎖骨也是重要的攻擊目標。

鎖骨比較脆弱，若受到猛烈擊打，可導致骨折，使敵人癱倒在地。

應用舉要

1. 和敵人近身纏鬥時，我抬起前臂，先使拳頭折向自己，然後再瞄準敵人鼻梁用力砸下。在這個過程中，注意保持身體平衡。（圖4－36、圖4－37）

圖4－36　　　　　　　圖4－37

2. 敵我近身扭鬥。我倒出一隻手，揮臂以拳側猛砸敵人太陽穴。(圖4－38、圖4－39)

圖4－38　　　　　　　　　　圖4－39

第九節　窒息與鎖定攻擊法

如果拳腿攻擊方法仍未制服敵人，就只有採用掐窒、勒頸、頭部鎖定等內圍搏殺方法制服敵人。

由於頸部的特殊生理作用，使其在貼身近戰中常常被列為重要的攻擊目標。咽喉位於頸部正中部位，包括呼吸道和食道，兩側有頸動脈及其分支。若咽喉被卡，可使呼吸困難窒息而亡。兩側的頸動脈若受到重壓則會使大腦缺血引起頭暈、昏迷或死亡。如果用力壓迫頸動脈竇，則會使心臟驟停，引起猝死。

頸椎缺乏肌性保護，在外力作用下可導致脫臼、骨折或關節錯位，危及生命。正因為如此，許多特種兵在實戰

搏殺時都會瞄準頸部進行攻擊。

在突襲時，從敵人身後以右臂抱住敵人頸部向後用力拉勒，同時左前臂彎曲置於敵人的頭後，用力向前猛推敵人頭後部，在右臂勒和左臂推的合力作用下，能使敵人呼吸困難而窒息。

當特種兵在執行維和任務時，許多攻擊技術受到了限制。這時反關節鎖定技術就成為極其重要的制敵技術。如在北愛爾蘭地區，英國士兵就能在不傷害進犯者身體的情況下，利用頭部鎖定或手指鎖定的技術控制和制服進犯者。

反關節鎖定術是徒手格鬥中很重要的技術之一。它所實施的技術動作就是使人的關節超過正常生理活動範圍，產生一種不可忍受的疼痛，從而導致全身受制的鎖定術。

關節是指骨與骨的連接處，透過附著在關節周圍的肌肉、韌帶，在神經系統的支配下，實現人體的正常運動。任何關節的生理結構和活動範圍都是不可改變的，如果超出了關節的活動範圍，關節的凹凸兩面就會相互脫離造成脫臼，而關節周圍的肌肉、韌帶也就會出現斷裂、損傷，引起劇烈的疼痛，從而喪失活動能力。特種兵鎖定技術攻擊的目標主要是肩關節、肘關節、手指關節、腕關節等。

肩關節穩定性差，若用暴力向左右擰、向後扳至極點，就會造成肩關節脫位，引起韌帶、肌肉撕裂致傷。

肘關節活動範圍相對較小，當肘關節完全伸直時，用力推壓鷹嘴骨部位容易造成關節脫臼，韌帶、肌肉撕裂或鷹嘴骨骨折，從而使前臂的功能喪失。

腕關節活動範圍較大。但很薄弱，如果用力使手腕向任何一個方向過渡扳、擰，都能使手腕關節脫位，韌帶和肌腱損傷甚至斷裂。

手指鎖定是特種部隊比較推崇的技法之一。鎖指功夫可用在逮捕戰爭罪犯或制服街頭酗酒鬧事者等人群。鎖指功夫的獨特作用在於它能輕而易舉地制服敵人。因為手指鎖定應用的是物理學上的槓桿原理，只需要往敵人手指上稍稍加力，使敵人的手指關節超出正常生理活動範圍，就能使敵人關節不能活動而致全身受制。

一、窒息與鎖定的訓練方法

1. 初學者訓練時須由淺入深，由易到難，循序漸進，從規範動作開始練習，進行科學的訓練。首先要掌握基本功與基本技術，熟悉人體要害部位。基本功包括臂功、腿功等，透過基本功的訓練，掌握打、踢、擋、抓、擰、拉等動作要領。

2. 兩人進行條件性實戰訓練，以增強實戰的真實體驗，待技術熟練後方可進行自由實戰練習。

窒息與鎖定訓練的注意事項：

①訓練時可互相敘述體會，由痛感和被控制的程度相互判定動作的正確與否。

②開始練習時重點掌握動作要領，變化規律。但是應逐漸注意靈活運用，不拘泥於型、勢。

③鎖定技術是使用相關技術迫使對手的關節超出正常生理活動範圍的技術，在訓練時容易使肌肉、關節、韌帶

等拉傷，所以，練習時必須小心謹慎，避免傷害事故的發生。

二、窒息與鎖定的應用舉要

1. 敵我對峙。我突然轉身於敵人背後，左手猛力拍壓敵人後腦，同時右臂抱住敵人頸部用力向後勒拉，右手反扒左臂，左手置於敵人後腦向前推壓，使敵人因呼吸困難而窒息。（圖4-40～圖4-42）

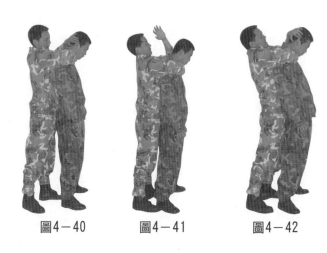

圖4-40　　　　圖4-41　　　　圖4-42

2. 當敵我雙方抱纏在一起時，我突然以右腳踩踏敵人腳前，若敵人因疼痛鬆手，我迅速用右手封住敵人肘關節，趁勢轉向敵人身體側面，以左拳攻擊敵人腰、肋。緊接著，以右手抱住敵人面部並轉到敵人後面，換左手抱住敵人頸部用力向後勒拉，並以右腿踢敵人的膕窩處制服敵人。（圖4-43～圖4-49）

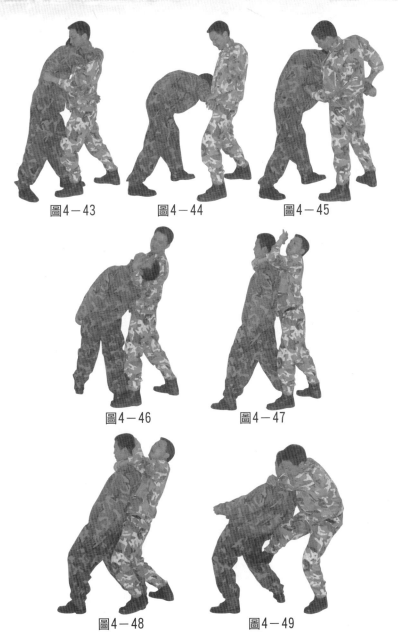

圖4-43　　　　　圖4-44　　　　　圖4-45

圖4-46　　　　　圖4-47

圖4-48　　　　　圖4-49

3. 敵人右手抓住我左手腕，我右手大拇指向上，虎口向上，一併抓住敵人的四個手指，隨即迎面推之，大拇指向外推並下按，其餘四指向裡帶，使敵疼痛難熬，受制於我。（圖4－50、圖4－51）

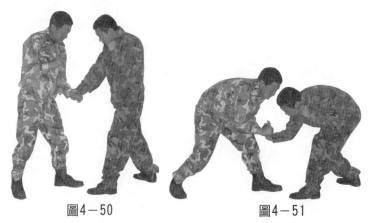

圖4－50 　　　　　　　　圖4－51

4. 我逼近敵人，以左彈腿彈踢敵人襠部。趁敵人疼痛收腹之際，我再以右擺拳猛擊敵人頭部，左臂迅速由前鎖緊敵人頸部，制服敵人。（圖4－52～圖4－54）

圖4－52 　　　　　　　　圖4－53

圖4－54

5. 敵人以左手抓住我胸部企圖以右拳攻擊我面部，我右手抓住敵人左手腕，左臂格擋敵人右拳。然後右腳向敵人右腿後插步；同時，右手抱住敵人的頸部向左轉體，左手扒敵人眼睛，制服敵人。（圖4－55～圖4－58）

圖4－55

圖4－56

圖4－57

圖4－58

6. 乘敵不備，我從敵人背後將雙臂從敵兩腋下插入並向上穿插至敵人頸後，雙手張開，十指相扣，兩手用力按住敵人的後腦部，同時兩臂上提，使敵人的身體上起，制服敵人。（圖4－59、圖4－60）

圖4－59

圖4－60

7. 敵我對峙。敵以左直拳攻我腹部，我用左手向下拍壓，並順勢抓住敵人左手腕，用力反擰，迫使敵人身體右轉。接著我右腿向前上步，右掌向下猛壓敵人左肩，拇指緊扣肩窩，左手抓腕上抬，控制敵人的肩關節。（圖4－61～圖4－63）

圖4－61

圖4－62　　　　　　　　　圖4－63

8. 我逼近敵人，以右勾擊拳擊打敵人腹部，趁敵中招收腹之際，我右手從敵人腰間向外穿出，並從敵人右腋下向外反扒敵人右肩；同時，左手迅速抓住敵人右手腕外拉，右臂猛力扛敵人肘部，並向右轉身，左腳向左前上步，上步折腕前推，制服敵人。（圖4－64～圖4－66）

圖4－64

圖4－65

圖4－66

9. 敵我對峙。敵人雙手掐住我的頸部，我雙手握緊敵人兩手腕並向手指部位上滑握住敵人的手指用力後拉；同時，以右腳踢擊敵人前腿，迫使敵人倒地。（圖4－67～圖4－70）

圖4－67

圖4－68

圖4－69

圖4－70

10. 我出右拳，敵人以右手擒抓我的右手腕，我迅速用左手壓住敵右手背，右拳變掌外別並抓住敵人手腕，用兩手合力向右下方拉壓敵人手腕，同時上步，用左肘猛壓敵右肘部，制服敵人。（圖4－71～圖4－73）

圖4－71

圖4－72

圖4－73

11. 敵人以右直拳攻我面部。我以左手向裡格撥來拳，同時以右腳猛踢敵人膝關節的內側，接著我向前以右肘猛擊敵人的頭部，隨即我用手臂纏繞住敵人的頸部，右腿屈膝下跪，右臂上抬緊勒敵人頸部，制服敵人。（圖4－74～圖4－77）

圖4－74　　　　　　　　　　　圖4－75

圖4－76　　　　　　　　　　　圖4－77

12. 我從後面靠近敵人，用右腳迅速踹擊敵人膕窩；趁敵人後仰下跪之際用右臂抱鎖住敵人的頸部，隨後迅速抬起左臂，並將右手放在自己肘窩處夾緊，然後以左手用力向前推壓敵人的後腦和右臂猛然回拉的合力制服敵人。（圖4－78、圖4－79）

圖4－78　　　　　　　圖4－79

13. 敵我對峙。我用右腳猛踢敵人的膝關節，若敵人反抗時，我抓住其手指並將其鎖住，並用力下拽，使敵人跪倒在地上。如果敵人企圖站立起來，我迅速以右膝撞擊其面部。（圖4－80～圖4－82）

圖4－80

圖4－81　　　　　　　　　圖4－82

14. 敵人以右直拳攻我頭部，我迅速閃身；同時，以左手擋抓敵人右手腕，緊接著以右腿彈踢敵人襠部，右腳落地，右手從敵人腋下穿過並反扒敵人右肩配合轉體，制服敵人。（圖4－83～圖4－86）

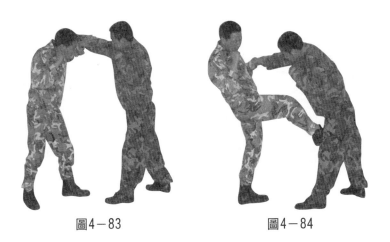

圖4－83　　　　　　　　　圖4－84

圖4－85

圖4－86

15. 敵我對峙。敵人以右拳攻我面部，我向左躲閃；同時，以右腳掃踢敵人小腹部。然後用右臂纏繞在敵人頸部。用力向後扳壓並將敵人拉倒在地後，制服敵人。（圖4－87～圖4－90）

圖4－87

圖4－88

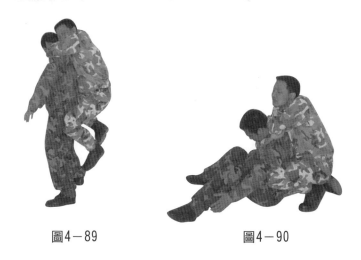

圖4－89　　　　　　　　　　圖4－90

第十節　被動解脫攻擊法

搏殺中，若我的要害、關節部位被敵人控制後，必須迅速解脫，然後乾脆、果敢地進行反擊，直至敵人喪失進攻能力，才能達到自衛的目的。

被敵人抓住的拆解技術有很多，但要有效地使用這些技巧，首先得瞭解敵人的姿勢、平衡和力量的變化。並巧妙利用敵人的力量及其瞬間推拉的動作，才能脫離敵人的控制從而有效地反擊敵人。

在被敵人擒、鎖住時，牙咬、挖眼等手段將發揮出人意料的作用，可以幫助士兵迅速解脫敵人的攻擊。摳眼睛和牙咬的動作，雖然有時不足以使敵人失去反抗能力，但它能使敵人瞬間劇痛，或酸軟無力，給士兵擺脫或反擊創造良好的時機。

一、被動解脫的訓練方法

1. **空擊練習**。假想敵人將我控制，我設法解脫其控制並反擊敵人。練習時如臨強敵，要有實戰意識。

2. **誘導練習**。找一名經驗豐富的訓練夥伴，誘導練習者訓練反擒拿技術。

3. **對練**。兩人共同演練，可互相擒鎖對方及破解對方的擒鎖。此練習力量不宜太大，重點是分析、研究、熟悉擒鎖技術的結構，培養被動解脫的戰術運用。

二、被動解脫的應用舉要

1. 敵人從側面鎖住我頸部。我以右手向後推敵人下頜，左手抱住敵人左腿向上猛抬，隨即再以左手猛推敵人下頜。解除束縛後，即可控制敵人，令其順時針旋轉失衡倒地。（圖4－91～圖4－93）

圖4－91　　　　　　　　圖4－92

2. 敵人從後面突然抱住我的腰部，我重心下沉，保持好身體平衡，兩手緊緊抓住敵人的雙手，身體用力向左擰轉，將敵摔倒，完成解脫。（圖4－94、圖4－95）

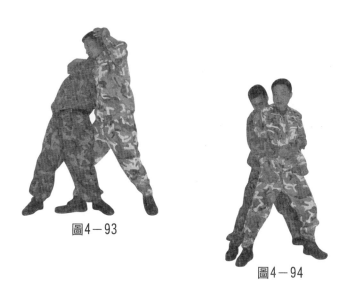

圖4－93

圖4－94

圖4－95

3. 當敵人從前面抓住我的頭髮時，我立即用兩手將敵人手腕向下按壓，頭部用力向上頂；同時，用左腳踹擊敵人膝關節外側，重創敵人。（圖4－96～圖4－99）

4. 近身纏鬥時，敵人右手扒住我的頸部，正欲以左擺拳攻擊我時，我迅速以右掌根猛推敵人鼻梁，重創敵人。（圖4－100、圖4－101）

圖4－96　　　　　　　　圖4－97

圖4－98　　　　　　　　圖4－99

圖4－100　　　　　　　圖4－101

5. 敵我近身搏鬥。當敵人企圖抱我腰部施摔時，我雙手向上勾住敵人的手臂，用下頜頂住敵人的肩部或是頸部，右腳向右撤一步，全身用力下壓敵人，從而制服敵人。（圖4－102、圖4－103）

圖4－102　　　　　　　圖4－103

6. 敵人從後面將我腰及兩臂一齊抱住，我左手向後用力摳抓敵人襠部，乘敵彎腰之時，我以左肘向後猛擊敵人腹部，解除束縛。（圖4－104～圖4－106）

圖4－104　　　　　　　圖4－105

圖4－106

7. 敵人以右手抓住我的胸部，我迅速用左手扣壓住敵人手腕，右手從外向內扣抓住敵人的右手小指側部位用力向右扳，隨即左手用力推按敵人右臂，並用左腳掃絆敵人右腳，從而摔倒敵人。（圖4－107～圖4－110）

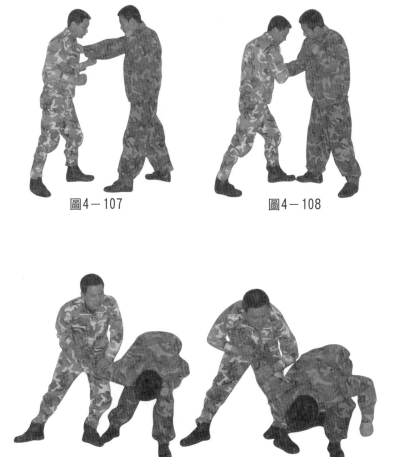

圖4－107　　　　　　　　圖4－108

圖4－109　　　　　　　　圖4－110

8. 敵我對峙。敵人以左手抓住我左臂，我立即以左側踹腿攻擊敵人腹、肋，緊接著左腳落地，以右掌猛砍敵人頸部，重創敵人。（圖4－111～圖4－113）

圖4－111　　　　　　　　圖4－112

圖4－113

9. 敵人從前面兩手掐住我喉部，我右手抓住敵人右手腕，左手推住敵人右臂；同時右腳後撤，身體右轉，左手弧形按壓敵人肘關節，將敵人制服。（圖4－114～圖4－116）

圖4－114

圖4－115

圖4－116

10. 敵人從後面鎖住我的喉部，我右手抓住敵人右臂向下拉，避免敵人用力緊箍而造成窒息，左拳向後用力擊打敵人襠部，乘敵人彎腰之際，左手抓住敵人右臂，兩手協力向下拉，使用過背摔動作，摔倒敵人。（圖4-117～圖4-120）

圖4-117　　　　圖4-118　　　　圖4-119

圖4-120

11. 敵人從正面以兩手掐住我喉部，我左手在外，用力推按敵人右肘，右手變勾拳，由下向上擊打敵人下頜。左手由敵人右臂內側按壓敵人肩部，右手勾按敵人頭後，同時以右膝頂撞敵人面部。（圖4－121～圖4－123）

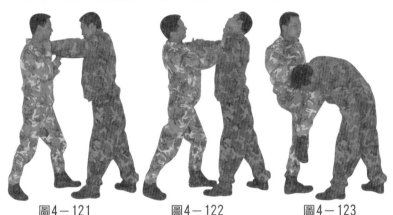

圖4－121　　　　圖4－122　　　　圖4－123

12. 敵人以左手抓住我胸部，我右手迅速扣按住敵人左手，隨之身體左轉，右肘趁勢下砸敵人左臂，在敵人欲掙脫之際，我立即以右手刀平砍敵人咽喉，重創敵人。（圖4－124～圖4－127）

圖4－124　　　　　　　　　圖4－125

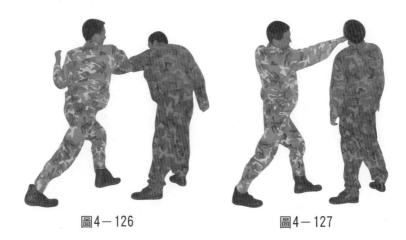

圖4－126　　　　　　圖4－127

13. 敵人從前面突然抱住我腰欲施毒招，我右腳迅速後撤半步，雙腿略屈，左手向下按敵頭部，右手托住敵人下頜由下向上推，挫其頸部，使敵人呼吸困難，喪失格鬥能力。（圖4－128、圖4－129）

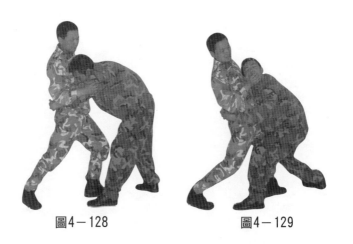

圖4－128　　　　　　圖4－129

14. 敵人從前面以右臂勒住我頸部，我左手緊抓敵人右手腕，右手插入敵人右脅，右腿插入敵人的兩腿間，右臂上穿和挺身同時進行，解除敵人的束縛後，我調整姿勢，以右膝頂擊敵人面部。緊接著左手別住對方手臂，從而制服敵人。（圖4－130～圖4－133）

圖4－130

圖4－131　　　圖4－132　　　圖4－133

15. 敵人從後面以雙手掐住我頸部，我收下頜、提肩，雙手分別抓住敵人手腕；同時，用右腿撩踢敵人襠部。緊接著兩手向前拉拽敵人雙臂並向後撤步，將敵人從背後向身前摔過，制服敵人。（圖4－134～圖4－137）

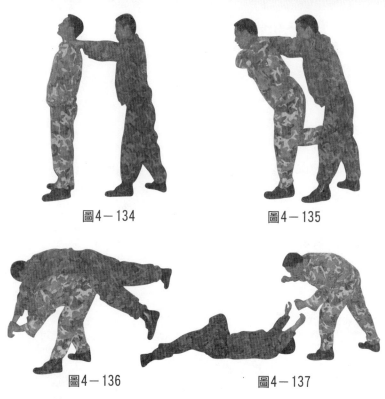

圖4－134　　　　　　　圖4－135

圖4－136　　　　　　　圖4－137

圖4－138

16. 敵我貼身近戰。敵人雙手抱住我腰，我起右膝撞擊敵人襠部，接著向後撤右腳，用右手掐住敵人喉嚨，左手抱住敵人的腰部用力回拉，右手用力向下推壓，兩手交叉發力制服敵人。（圖4－138～圖4－141）

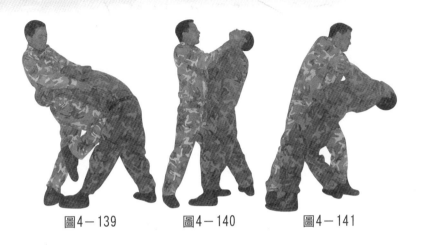

圖4－139　　　　　圖4－140　　　　　圖4－141

17. 敵人從正面將我身體和手臂緊緊摟住。我迅速雙手合握用力撞擊敵人襠部，迫使敵人後撅臀部，拉開一定的距離。這時我左手抓住敵人右臂，右手托住敵人腋下，右腳迅速上步，同時身體向左轉180°，將敵人摔倒。（圖4－142～圖4－146）

圖4－142　　　　　圖4－143　　　　　圖4－144

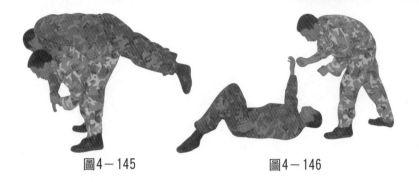

圖4-145　　　　　　　圖4-146

18. 敵人雙手掐住我的頸部，我左手抓住敵人右臂，同時向左轉身並舉起右臂猛砸敵人雙臂。接著上身回轉，用右肘猛擊敵人面部，順勢用側踹腿攻擊敵人膝部。（圖4-147～圖4-152）

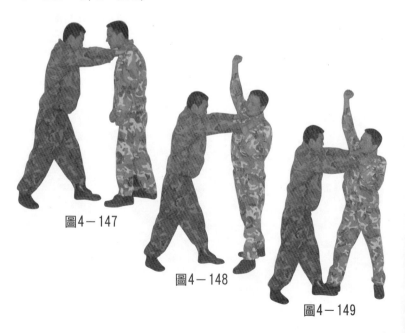

圖4-147

圖4-148

圖4-149

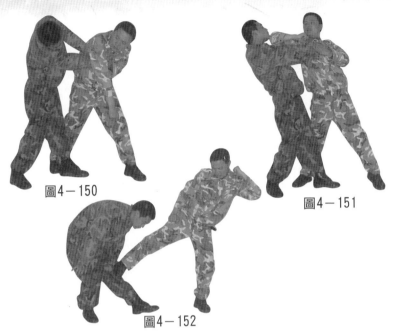

圖4－150

圖4－151

圖4－152

19. 敵人雙手抓住我的衣領，我左手下拉敵人右臂，同時以右掌根推擊敵人下頜。重創敵人。（圖4－153、圖4－154）

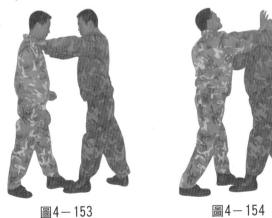

圖4－153

圖4－154

20. 敵人從我右側用手臂摟住我頸部，我右手抓住敵頭髮向後拉，敵人勢必仰頭挺身，此時我以左拳擊打敵人襠部。從而制服敵人。（圖4－155、圖4－156）

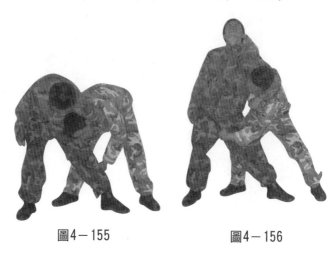

圖4－155　　　　　　　　圖4－156

第十一節　摔　法

摔法是特種部隊徒手格鬥術中近身纏鬥的重要擊法之一，它不同於柔道、摔跤等項目，因為柔道、摔跤等項目是摔倒對手就停止了進攻，而特種部隊徒手格鬥術的摔法則是將敵人摔倒後仍然要用踢、打、拿等相關技法進攻敵人，直至殺死敵人或制服敵人為止。所以，在練習特種部隊徒手格鬥術的摔法時，不僅要練好摔法中的勾、踢、絆等技術，還要結合其他的攻擊技法進行練習。

例如：使用摔法將敵人摔倒後，再用腳猛踢敵人的頭、襠等部位，從而制服敵人。

一、摔法的訓練方法

1. **假想空摔**。假想對手進行攻擊，我方以摔法進行反攻。練習時如臨強敵，要有實戰意識。

2. **兩人配合**。同伴以各種招法攻擊受訓者，受訓者利用某一摔法動作反覆進行訓練。

3. **摔沙人訓練**。運用某種摔法進行摔沙人訓練。

4. **對抗練習**。透過近似實戰的練習，可以改進技術不足，進一步提高受訓者摔法的實用性。

二、摔法的應用舉要

1. 敵人以右拳擊我面部，我迅速用左手進行擋抓，同時以右手掐住敵人咽喉向後推。右腳插至敵人右腳外側並向後別，以左手拉、右手推、臀部頂三者之合力將敵人摔倒在地，制服敵人。（圖4－157～圖4－159）

圖4－157　　　　　　　圖4－158

2. 敵人以右擺拳攻來，我以左手向裡格擋，趁機以左手勾住敵人的右腿上抬。若敵人將腿卡在我兩腿中間做出抵抗時，我雙腿夾緊，雙手下壓敵人的膝關節使敵人倒地。（圖4-160～圖4-164）

圖4-159　　　　　　　　圖4-160

圖4-161　　　　　　　　圖4-162

圖4－163　　　　　　　圖4－164

3. 我用左直拳攻擊敵人面部，趁敵人防守後仰時，我迅速下蹲，雙手摟抱住敵人膝關節；同時，用肩向前頂靠，利用雙手後拉和肩部的頂靠之力，將敵人摔倒。（圖4－165～圖4－167）

圖4－165　　　　　　　圖4－166

圖4－167

4. 敵人以右拳擊打我面部，我左臂格擋，隨即迅速下潛，兩手摟抱敵人左腿，左肩頂住敵人髖部，兩手抱緊敵人左腿向上提拉，並向右後轉身撤步，左肩猛向前下頂撞敵人大腿，使敵人倒地。（圖4－168～圖4－170）

圖4－168

圖4－169

圖4－170

5. 我快速逼近敵人，以右膝頂撞敵人左大腿；同時，左臂緊鎖敵人頸部，再以左腿別住敵人左腿，摔倒敵人。（圖4－171～圖4－173）

圖4－171

圖4－172

圖4－173

6. 敵人從正面以右臂鎖住我頸部，我以左手抓住敵人右臂，同時上左步、左轉身，右手攻擊敵人襠部，若敵人以右腳踢我時，我雙手抱住敵人大腿向左擰壓，將敵人摔倒。（圖4－174～圖4－177）

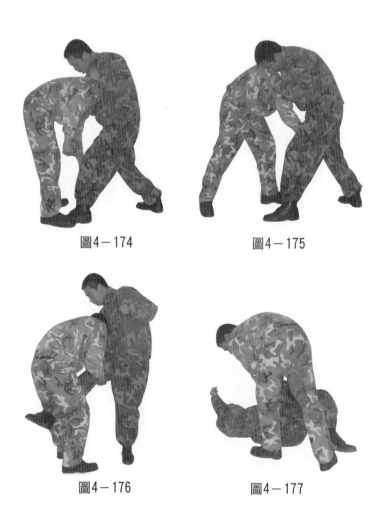

圖4－174　　　　　　圖4－175

圖4－176　　　　　　圖4－177

7. 敵人以右拳向我面部擊來，我用左手向外格擋並抓住敵人的前臂，右拳猛擊敵人面部，趁敵人受擊後仰之際，右腳向前上步，同時左臂下拉敵人右手，右臂從敵人襠部穿過抱住敵人右腿，用肩頂住敵人腹部，用力向上將敵人扛起，並配合左手下拉，右臂上掀的動作將敵人從體側摔倒。（圖4－178～圖4－181）

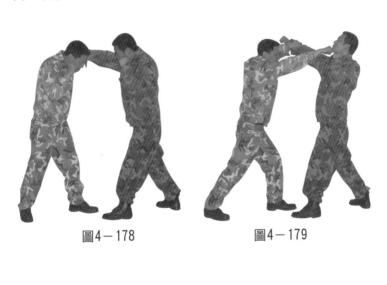

圖4－178　　　　　　圖4－179

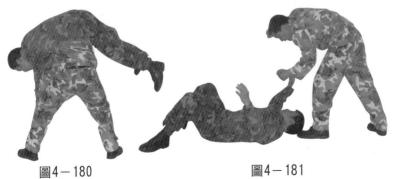

圖4－180　　　　　　圖4－181

8. 敵人突然以右擺拳攻來，我左手格擋並擒抓敵人手腕迅速下帶，右臂向上猛托敵人肘關節，令敵人踮起腳尖。再以右腿掃踢敵人。（圖4－182～圖4－184）

圖4－182

圖4－183　　　　　　圖4－184

9.敵人用左拳攻擊我腹部時，我迅速單膝著地，雙手抱住敵人前腿，以肩猛頂敵人膝關節，將敵人摔倒。（圖4－185～圖4－188）

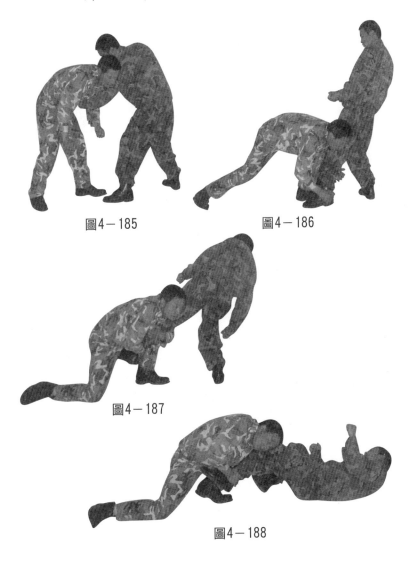

圖4－185

圖4－186

圖4－187

圖4－188

10. 敵人以右拳攻擊我面部，我左手格擋並抓住敵人右手腕，右腳向敵人右腿後插步，同時右手從敵人右腋下穿過並抱住敵人右臂，左腳向後撤步，猛力向左下彎腰轉體，同時蹬腿、頂臀，雙手下拉，將敵人從體側摔倒，再以腳踩踏敵人面部。（圖4－189～圖4－193）

圖4－189　　　　圖4－190　　　　圖4－191

圖4－192　　　　圖4－193

第十二節 地面纏鬥攻擊法

地面纏鬥是指敵我雙方倒地後所使用的搏鬥技術，分為兩種情況，一種是敵我雙方都倒地後所使用的搏鬥技術，另一種是我自己倒地而敵人站立所使用的搏鬥技術。

一般情況下，自己倒地而敵人沒有倒地時，一定要注意自己要害部位的防守，在防守的同時尋找反擊敵人的有利機會。

無論何種原因而倒地，都應牢記：充分利用一切可利用的手段，迅速直接地打擊敵人的要害部位，努力利用場地上可使用的武器，在更嚴酷的情況下，要盡力而為，不惜一切代價。

只要能破敵，沒有人在乎你使用了什麼手段。

一、地面纏鬥的訓練方法

為了發展地面揪扭技術，每星期都應在墊子上與陪練人員進行訓練。

陪練員應具有耐力，樂意反覆進行基本技能訓練，只有這樣才能幫助練習者掌握高超的揪扭技能。訓練者與陪練不要急於求成，注意訓練的安全性。

二、地面纏鬥的應用舉要

1. 敵人騎壓在我腹部，雙手掐住我的喉嚨，我把雙手插入敵人雙手裡側，然後用力外撐。敵人因極力阻止我

雙手插入而身體前傾，此時我看準時機，以手指去戳擊敵人眼睛，若敵人受攻擊一鬆勁，我趁機推翻敵人並將其制服。（圖4－194～圖4－196）

　　2. 敵人騎在我身上並掐住我喉嚨，我雙掌合十插入敵雙臂內，猝然施力外撐，隨即以右肘猛撞敵人肋部。（圖

圖4－194

圖4－195

圖4－196

圖4－197

4－197～圖4－199）

　　3. 我被身高力大的敵人平行地壓在身下，此時努力掙脫出一條腿並移向一邊，用膝關節猛力頂撞敵人肋部，趁勢推翻敵人，轉入反擊。（圖4－200～圖4－202）

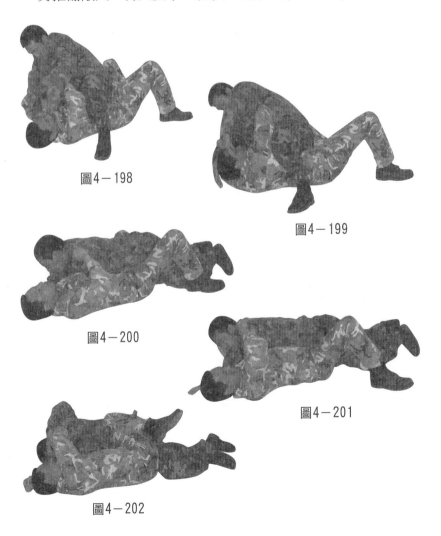

圖4－198

圖4－199

圖4－200

圖4－201

圖4－202

4. 敵人以腰背壓住我胸膛，雙手抱纏住我的頸部。我以右手掌推壓敵人下頜，用左肘猛擊敵人小腹。（圖4－203～圖4－205）

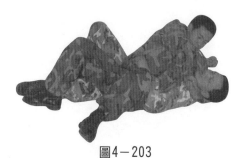

圖4－203

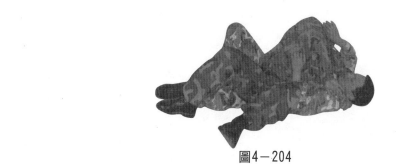

圖4－204

圖4－205

5. 敵人騎在我身上並掐住我喉嚨，我兩手分別抓住敵人雙手向上猛推。同時兩腿分別沿敵人體側猛蹬敵人下頜，使敵倒地，緊接著用肘猛砸敵人襠部。（圖4－206～圖4－208）

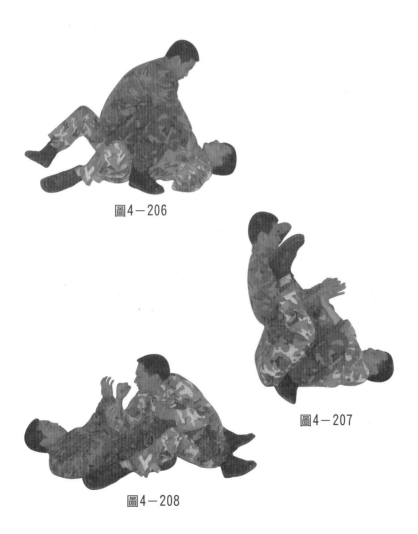

圖4－206

圖4－207

圖4－208

第十三節　徒手對刀攻擊法

徒手對刀就是指特種兵在赤手空拳的情況下，面對一個持刀敵人的攻擊時所採用的搏鬥技術。在訓練時要求特種兵必須具備以下素質：

第一，必須膽大心細，沉著冷靜

拳諺道：「沉著為拳藝之本，驚慌之下無拳藝。」在面對持刀敵人時，一般人由於心理上的恐懼而容易產生發抖、肌肉發僵、動作呆滯、笨拙，在這種情況下，任何神功妙技都難以發揮。因而當你面對持刀敵人時，要有凜然無敵的英雄氣概，或大聲喊叫，或尋找武器戰勝敵人。

第二，熟悉刀路，把握時機

要制服持刀的敵人，必須明白刀的技術與刺法，方能決定自己防守和反擊所採取的動作，從而破解敵人的攻擊。

第三，重視技術，善於智取

在綜合了踢、打、摔、拿等各種技術的基礎上，根據敵人握刀的方法、刺出的方向及其身體姿勢而實施一系列緊急防衛技術。如果毫無搏擊基礎，要防衛、奪刀就好比虎口拔牙，結果可想而知。

俗話說，「藝高人膽大」。就抗暴而言，只有功夫精絕，信心才能倍增。在激烈的生死搏殺中，單憑鬥勇、盲目行事，是非常危險的。只有機智沉著地實施謀略，運用戰術，破壞敵人的刺擊動作，方能克敵制勝。

一、徒手對刀最常見的防衛方法

1.刺腹法的防衛

敵人持刀向我腹部直刺時，我迅速收腹探身，雙手在體前交叉並抓住敵人持刀手腕，逆向反擰，隨即奪下敵人手中的刀，將敵制服。

2.下刺法的防衛

敵人持刀從上向下刺來，我疾速滑步向前，右腳移至敵人右腳後側，左手抓住敵人持刀手臂，使其難以下刺。緊接著我用另一手攻擊敵人頸部或下頜處；同時，右腳掃絆敵人前腿，摔倒敵人。

3.斜下刺法的防衛

敵人持刀從斜上方向我刺來，我左臂格擋並抓住敵人手臂，以右掌攻擊敵人下頜。緊接著向前滑步，右手從敵人持刀的手臂下穿過，反勾敵人持刀之手用力上抬，左手用力下壓，使敵人難以支撐而摔倒。

4.平刺法的防衛

敵人持刀水準向我刺來，我迅速側身，以左手抓住敵人肘部，右手擒住敵人持刀手腕，左腳猛力踹擊敵人右腿膕窩處，將敵人踩倒。一旦敵人膝部著地，便可制服敵人。

5.刀架喉部的防衛

敵人從身後以右臂勒住我的頸部，右手持刀逼住我的喉部，我右手上穿扣住敵人持刀手腕，左手抱住敵人持刀手臂用力下拉，同時臀部向後頂撞敵人小腹部，將敵人從背部用力向前摔出從而制服敵人。

163

在徒手對付持刀敵人的搏鬥時，我們身邊有無數東西可以當做武器，如木棍、樹枝、石頭、板凳、沙子、皮鞋等都可以用來對付持刀敵人。再如拿一件外衣，可以展開來擾亂敵人視線，使敵人難以覺察我的攻擊意圖，然後使用踢、打等方法攻擊敵人的要害部位從而制服敵人。

假如身邊有樹枝，應立即拾起，與敵人保持一定的距離，當敵人處於有效的打擊範圍內，我迅速攻擊其要害部位。如樹枝較長，應刺、打結合，如樹枝較短，在防衛中擊打敵人持刀手腕。如果身邊有石頭、磚塊，應馬上撿於手中，在敵人殺來時照準他的臉部投去。

皮帶也具有一定的防衛效果。施用時將皮帶展開來攻擊敵人，主要攻擊敵人眼睛等薄弱部位。

二、徒手對刀的訓練方法

1. 訓練初期

受訓者戴上防護眼鏡，對手手持沾過顏料的大刷子攻擊受訓者，受訓者設法不讓刷子沾到自己身上。訓練結束後檢查受訓者身上留下的刷子印有多少。

2. 技術訓練期

受訓者徒手與手持橡皮刀的對手進行訓練，當訓練到動作自動化的時候，可用真刀進行訓練。但在訓練時一定要注意安全，要遵循先慢後快、先簡後難，循序漸進的過程。

3. 檢驗期

經過技術訓練後，受訓者的技術長進如何，我們不得

而知，這時就要採用技術檢驗訓練了。還是用一個沾了顏料的大刷子攻擊受訓者，攻擊結束後檢查受訓者身上留下的刷子印，便可知道受訓者的訓練結果如何了。

三、徒手對刀的應用舉要

1. 敵人右手持刀下刺我腹部，我向左閃身躲過，同時雙手成八字掌向下擋、抓敵手腕並用力向後拉敵人右臂，同時以右腳彈踢敵人襠部。（圖4－209～圖4－211）

圖4－209

圖4－210

圖4－211

2. 敵人持刀由上向下刺來，我快速向右撤步，用右手緊抓敵人手腕；同時以右腳踢擊敵人膝關節，趁敵人重心不穩之時用左手抱住敵人頸部並猛力後扳，左手抓住敵人右手腕用力向左後側扳壓，從而將敵人制服。（圖4－212～圖4－214）

圖4－212

圖4－213

圖4－214

3. 敵人持刀從上向下刺我時，我用前臂向外側擋，改變敵人的直線攻擊路線。同時，雙手用力向下推按敵人持刀手臂，使敵人的匕首刺入自己的腿部。（圖4－215、圖4－216）

圖4－215

圖4－216

4. 敵人右手持刀直刺我右胸部，我身體向右轉閃過敵刀，同時右手抓住敵人手腕，左手用力向右推敵人的肘關節；右手用力擰敵人手腕，迫使敵人彎腰，再以左腳絆敵人右腿，將敵人摔倒。（圖4－217～圖4－219）

圖4－217

圖4－218

圖4－219

5. 敵人突然出刀前刺，我身體左轉避過來刀，緊接著身體右轉，並以掌根猛擊敵人下頜。（圖4－220、圖4－221）

圖4－220　　　　　　　圖4－221

6. 我面對持刀敵人，迅速將外衣脫下，將其充分展開擾亂敵人視線，在敵人持刀直刺時，用外衣將其持刀手罩住，用右手抓住敵人手腕，並用左手猛砍敵人頸後。（圖4－222～圖4－224）

圖4－222

圖4－223　　　　　　　　　　圖4－224

7. 敵人右手持刀直刺我喉部，我左手向上格擋並抓住敵人手腕；同時，以右直拳猛擊敵人腹部，乘敵人彎腰時上右步，右臂插入敵人襠中並抱住敵人右腿，將敵人扛起摔倒在地，制服敵人。（圖4－225～圖4－229）

圖4－225　　　　　　　　　　圖4－226

圖4－227

圖4－228

圖4－229

8. 敵人右手持刀向我胸部刺來，我右轉身閃過來刀並以右手擒抓敵人手腕，以左肘猛砸敵右臂，同時以左腳猛踹敵人右膝關節，將敵人擊倒。（圖4－230～圖4－232）

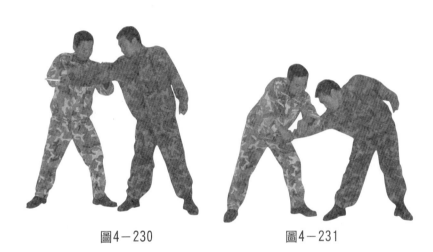

圖4－230　　　　　　　　圖4－231

圖4－232

9. 我被敵人用匕首頂住腹部時，我收腹；同時，以右手下砸敵人持刀手臂，順勢再以右手刀猛砍敵人頸部。（圖4－233～圖4－235）

10. 敵人右手持刀直刺我胸部，我向右側閃身躲過來刀；同時，用右手抓住敵人右手腕向外擰轉，左掌向外推按

圖4－233

圖4－234

圖4－235

圖4－236

敵人右臂，左腳猛踹敵右膝關節，制服敵人。(圖4－236)

11. 敵人右手持刀直刺我時，我右轉側身避過來刀，接著雙手抓住敵人手臂；同時，以左肘猛頂敵面部，然後再以左肘下砸敵手臂，制服敵人。(圖4－237～圖4－240)

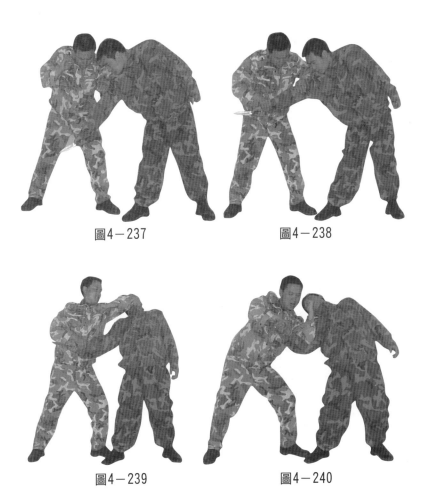

圖4－237　　　　　　　　圖4－238

圖4－239　　　　　　　　圖4－240

12. 敵人右手持刀刺我腹部，我以左手抓住敵人持刀的手腕，右手抓住敵人上臂向右上方反扭，右手變掌猛砍敵人頸後，制服敵人。（圖4-241～圖4-244）

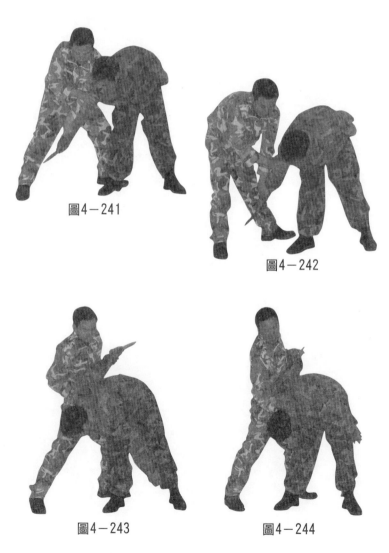

圖4-241

圖4-242

圖4-243

圖4-244

第十四節　徒手對棍攻擊法

木棍、拐杖、鐵管也是常被人們用於攻擊的武器之一。雖然這些武器不像刀和手槍那樣容易攜帶和隱藏，但是使用起來得心應手，所以常被人們當做攻擊武器。

搏鬥中我們遇上手持棍、棒的敵人時，同樣需要沉著冷靜地與敵人周旋，乘隙貼身，利用長進短退的辦法，奪取敵人的棍、棒，從而制服敵人。

在實戰中要想戰勝敵人，首先必須得瞭解棍法的變化規律，做到「知己知彼」，才能「百戰不殆」。短棍往往以單手握持使用，一般以戳、劈、點、掃等用法較多，其特點是靈活迅捷，變化多端。長棍由於棍長且重，所以雙手握棍使用，攻擊範圍大，攻擊力量足，殺傷力亦很強，但在近距離較難奏效。所以在實戰時要根據棍的不同特點，採取不同的防衛方法。一般防長棍則需要盡可能地靠近敵人，因為只有近身才能限制長棍的攻擊優勢，使敵人處於有棍不能用、有力使不出的劣勢。

一、徒手對棍的訓練方法

1. **空擊**。初練時重點體會和觀察棍、棒的運行路線和力點以及反擊時機。原地訓練掌握了動作規格後，根據實戰的需要結合相應的步法動作進行防棍反擊練習。

2. **不接觸的攻防訓練**。兩人一組，一方持棍進攻，另一方防守反擊。開始可規定只做單招進攻，逐漸過渡到組

合進攻，動作由慢到快，由易到難。

　　3. 當受訓者具備一定的攻防基礎後，可身著護具，對付持橡膠棍、棒的同伴，進行防棍反擊訓練。

二、徒手對棍的應用舉要

　　1. 敵人右手持短棍向我頭部擊來，我迅速以左手格擋並擒抓敵人右手腕，出右拳重擊敵人面部三角區，然後用雙手抓住敵人持棍的手腕用力反擰，使敵人的棍自動從手中脫落。（圖4－245～圖4－247）

圖4－245

圖4－246

圖4－247

2. 我面對持短棍的敵人，在敵人襲擊前，我大步前衝用手指戳擊敵人雙眼，然後迅速續以側踹攻擊敵人膝部。（圖4－248、圖4－249）

圖4－248　　　　　　　　　　圖4－249

3. 敵人左手持棍由上向下劈來，我迅速向前上步；同時，抬臂護住頭和頸部。緊接著我以右手纏住敵人的手臂。隨即我以底掌猛擊敵人下頜，再以膝攻擊敵人襠部，重創敵人。（圖4－250～圖4－253）

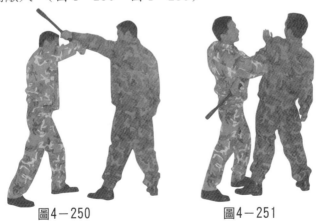

圖4－250　　　　　　　　　　圖4－251

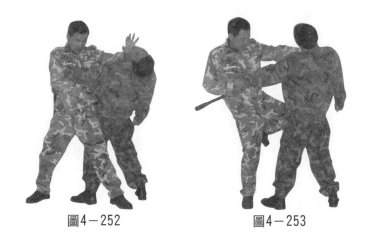

圖4-252　　　　　　　　圖4-253

4. 敵人以短棍向我頭部打來，我兩臂交叉，擋住敵人握棍的手腕，邊拉敵人的手腕，邊以右腳猛踢敵人膝關節。（圖4-254、圖4-255）

圖4-254　　　　　　　　圖4-255

第十五節　徒手對槍攻擊法

作為一名特種兵，在執行任務時被持槍敵人劫持是司空見慣的事情，那麼被敵人劫持後，如何解脫才不會使自己受到傷害，這成了特種兵平時訓練的關鍵。

在實戰時要想奪下敵人手中的槍，首先必須得瞭解槍械的工作原理，其次是準確判斷持槍者與自己的位置、距離、槍對準自己的角度等等，因為只有這樣才能根據不同的情況，採取不同的解脫方法進行自救。

一、徒手對槍的訓練方法

1.假想空練

在訓練時假想與敵人對峙，敵人採取不同的進攻方式對我進行攻擊，我根據敵人的不同進攻方位、角度，採取不同方式進行防守和反擊。

2.和對手進行對抗練習

對手手持假槍從不同的角度、不同方位利用各種兇狠的招式進攻我方，我根據對手的進攻路線、方位和角度快速地進攻反擊。訓練時要由慢到快、由易到難，逐漸進行。

二、徒手對槍的應用舉要

1. 敵人雙手持槍從後面抵住我的頭部，我忽然向左轉身，用左臂撥開敵人的手槍，並向下拉敵人持槍的手臂；同時，用右手刀猛砍敵人頸部。（圖4－256～圖4－258）

圖4－256　　　　　　圖4－257

圖4－258

2. 敵人右腳在前，右
手握槍抵住我腹部，我向
左轉體閃身；同時，左手
向外格擋並抓住敵人右手
腕向外推，右腳向前上步
置於敵人右腿後，右腳後
絆敵人右腿的同時，右拳
猛擊敵人面部打倒敵人。
（圖4－259、圖4－260）

圖4－259

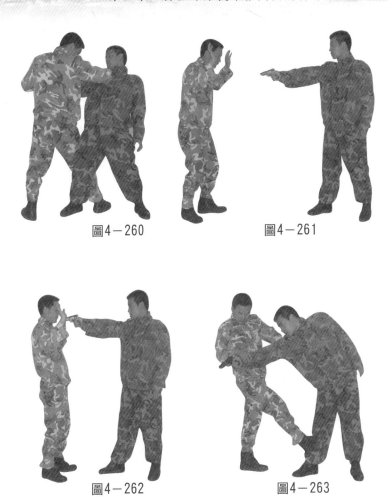

圖4－260　　　　　　　　　　圖4－261

圖4－262　　　　　　　　　　圖4－263

　　3. 我面對持槍敵人做出驚恐狀。我抖動雙手並且向前移動靠近敵人手槍，然後雙手抓槍身體向左扭轉，以右腳猛踢敵人小腿，扭轉手槍並用鎖指或鎖腕技法，制服敵人。（圖4－261～圖4－263）

4. 敵人從正面用槍指著我，我迅速轉身，用左手抓住敵槍向外推拉，然後用右拳攻擊敵人下頜。（圖4－264、圖4－265）

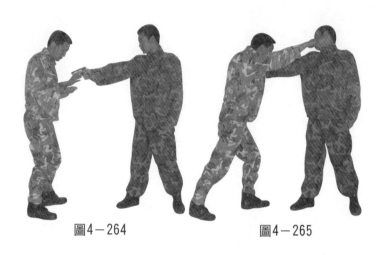

圖4－264　　　　　　　　圖4－265

5. 敵人持槍從後面抵住我頭部，我向右後轉體閃過槍口；同時，右手向外格擋並抓握敵人持槍的手腕，左腳上步，左手推壓敵人肘關節，右手向下反擰敵人手腕，制服敵人。（圖4－266～圖4－268）

圖4－266

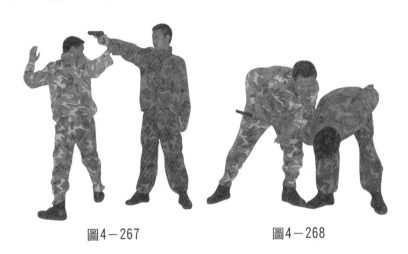

圖4－267　　　　　　　圖4－268

6. 敵人從後面用左手抓住我的衣服，右手用槍抵住我的後腦，我突然左後轉體，用左前臂撥開敵人雙手，左手迅速抓住敵人持槍的手腕；同時，以右直拳攻擊敵人面部。（圖4－269～圖4－271）

圖4－269

圖4－270

7. 敵人從正面用槍對準我頭部，我迅速向右轉體；同時，用右手抓住敵人持槍手腕向下猛拉，左手指猛戳敵人眼睛；右手向下反擰敵人手腕，左拳猛砸敵人肘關節，制服敵人。（圖4－272～圖4－274）

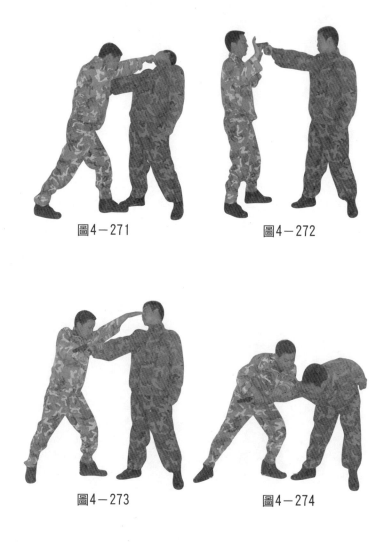

圖4－271　　　　　　　圖4－272

圖4－273　　　　　　　圖4－274

8. 敵人從後面以左手勒住我的頸部，右手持槍抵住我右太陽穴。我用左手向後猛推敵人持槍的手，並抓住敵人持槍的手用力反擰，再用右手抓住槍筒，發力將敵人摔倒在地，制服敵人。（圖4－275～圖4－279）

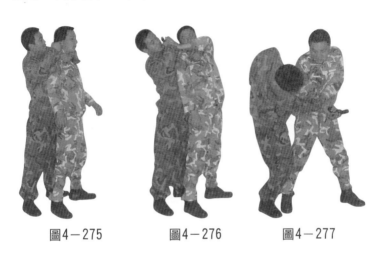

圖4－275　　　　　圖4－276　　　　　圖4－277

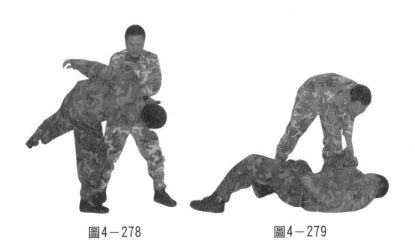

圖4－278　　　　　　圖4－279

第十六節　利用棍棒攻擊法

警棍，是特種部隊執行特殊任務時常用的防暴器材，在許多國家的特種部隊裡，警棍都是特種兵必不可少的防暴器材之一。棍、棒作為武器用起來比較方便，能迅速在附近找到，包括木棍、水管、瓶子、鐵鍬、扳手、拐杖、手電筒等。

當你被徒手敵人突襲時，儘管這個敵人赤手空拳，但他會使用極為殘忍的進攻方法攻擊你，此時你只要突然拾起一根棍子，整個戰局的形勢就會迅速逆轉。

現在你手中握有武器，而敵人仍然手無寸鐵。此時你首選的自衛術便是迅速持棍打擊敵人，保全自己。一般情況下，棍子越長，給敵人施加的壓力就越大。如果棍子比較短，在實戰時就需要通過步法、身體姿勢以及攻擊角度來彌補這一不足。

短棍是對付匕首的首選武器，是匕首的剋星。格鬥時，利用簡捷而迅猛的動作來阻止敵人匕首對我的攻擊。

在以短棍攻擊時，不要大劈大掄，因為第一，大劈大掄的動作幅度較大，容易露出空檔，給敵人反擊創造了機會；第二，大劈大掄會減慢攻擊速度，容易被敵人抓住棍、棒，從而進行反擊。

既然我手持棍棒，敵人當然也會提高警惕，而不會貿然亂刺。因此我應有凜然無敵的氣概，沉著應戰。一旦產生膽怯、驚慌，就必然會過早地把目光從敵人的動作上移

開。目光一旦移開，最後必敗無疑。

相反，倘若從頭到尾，一直緊盯敵人，就是在敵人即將刺到我的一瞬間，也可以靈巧地躲開，並且還會有機會用棍、棒反擊敵人，將其制服。

以短棍對付持刀敵人時，首先應從打掉敵人手中的匕首開始。倘若棍棒稍長，可用兩手握持。兩手握棒，首選的打法是劈敵人的手臂。

無論對手是否持有武器，劈擊敵人手臂，力點恰好發於棍梢，敵人的手臂就可能被打折。劈打敵人的手背、手指、腕骨和肘關節這幾個部位，都能產生刺痛或麻木，使其喪失活動功能。

劈棍的同時往回抽棍，緊接著一記橫掃棍，掃打敵人的脛骨，都會讓敵人致殘，或是使小腿骨折，甚至昏死過去。

如果敵人俯身彎腰，突然貼近，就將棍豎起來，用棍尾端垂直向下猛插。若插中後腦能立即取敵性命。在你死我活的格鬥中，儘量不要與敵人纏身扭鬥。不與敵人糾纏的絕佳辦法就是當敵人向我兇猛逼近時，我迅速側身避讓，同時抓住時機用棍橫掃敵人脛骨、後腦、頸部等，使敵人不死即殘。

如果用短棍對付手持短棍的敵人，亦要以反擊為目的。儘管棍、棒相對的較量在格鬥時很少出現。但在特種部隊執行任務時還是有可能發生的，所以，短棍對短棍的防守反擊術還是有必要掌握的。

棍棒攻擊的應用舉要

1. 在打鬥中敵人用匕首由上向下刺來時，我手持短棍突然刺向敵人下頜處，使敵人後仰倒地。（圖4－280）

圖4－280

2. 敵人以彈踢攻擊我襠部，我身體略向後閃；同時，右手持棍向敵人的腳背或小腿脛骨擊打，隨即快速進步，用短棍掃擊敵人耳部。（圖4－281、圖4－282）

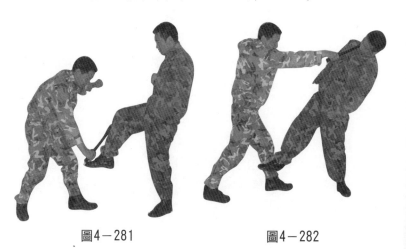

圖4－281　　　　　　　　　圖4－282

3. 敵人持刀直刺我腹部，我先以短棍猛擊敵人手腕處，如果敵人的匕首被打落，我再向敵人面部補擊一棍。（圖4－283、圖4－284）

圖4－283

圖4－284

4. 敵人滑步並以左直拳攻我面部，我重心下降，在避開敵人右拳的同時，用短棍向下劈擊敵人的膝關節。緊接著右手外翻，從左向右劈擊敵人耳部。（圖4－285、圖4－286）

圖4－285　　　　　　　圖4－286

5. 敵人持匕首進步向我刺來，我迅速揮短棍猛劈敵人手腕，打掉敵匕首，隨即探身進步，用短棍直劈敵人頸部。（圖4－287、圖4－288）

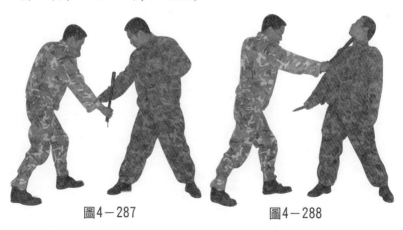

圖4－287　　　　　　　圖4－288

6. 我用短棍虛刺敵人前腿，待敵人防守彎腰時，我迅速用棍攻擊敵人面部。（圖4－289、圖4－290）

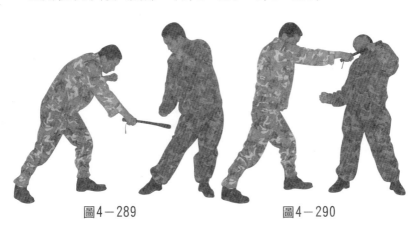

圖4－289　　　　　　　　圖4－290

7. 敵人正握刀由上向下刺我面部，我用短棍猛擊敵人右手腕。緊接著，我用短棍橫掃敵人右肋。（圖4－291、圖4－292）

圖4－291　　　　　　　　圖4－292

8. 敵人主動向我撲來，我以右腳彈踢敵人襠部，同時右手揮棍由上向下劈擊敵人頭頂。（圖4－293、圖4－294）

圖4－293　　　　　　　圖4－294

9. 敵人正握刀由上向下刺我面部，我用短棍前端猛擊敵人右手腕內側，接著重心下降，用短棍的後端橫砸敵人的腹、肋部。（圖4－295、圖4－296）

圖4－295　　　　　　　圖4－296

10. 敵人起右腳向我腰、腹彈踢，我左手持棍打擊敵人右腳背。趁敵人腿下落的瞬間，我進步並用短棍直刺敵人軟肋或心窩部。（圖4－297、圖4－298）

圖4－297

圖4－298

11. 敵人上右步，反握刀直刺我腹部，我上左步側身躲過，並用短棍向右橫格來刀，同時身體左轉，左手持棍橫掃敵人頸部。(圖4-299、圖4-300)

圖4-299

圖4-300

12. 敵人上右步，右手持刀直刺我上段，我用短棍橫格來刀，同時上體左轉，用短棍劈擊敵人面部。（圖4－301、圖4－302）

圖4－301

圖4－302

13. 敵人上右步，手持匕首突然向我刺來，我身體向右側閃避開，同時右手持棍猛劈敵人手腕，隨即快速進步，以棍直刺敵人襠部。（圖4－303、圖4－304）

圖4－303

圖4－304

第五章

特種部隊徒手格鬥術的
身體素質訓練

　　特種兵從事的徒手格鬥術是一項特殊的運動，身體素質是極其關鍵和重要的。良好的身體素質是技戰術訓練和提高實戰對抗能力的基礎，是特種兵發揮徒手格鬥技術的重要保障，是特種兵訓練和實戰對抗中保持穩定、良好的心理狀態的基礎。

　　由此可見，無論格鬥水準達到何種境界，都應當保持良好的、全面的、持之以恆的格鬥體能訓練，因為它是格鬥技術訓練的基礎，又是格鬥技能保持在最佳水準的保障。格鬥訓練中沒有科學完善的身體素質訓練，就會如武術諺語中所講的「練武不練功，到老一場空」，或練就一身花拳繡腿，如同不堪一擊的紙老虎。

　　作為一名特種兵，必須具備的基本素質包括力量素質、柔韌素質、速度素質、耐力素質、靈敏素質、協調素質等。

第一節　力量訓練

　　力量素質是指人體神經肌肉系統在工作時克服或對抗

阻力的能力。無論何種武術流派都把力量訓練放在首要位置上來抓。對參加格鬥培訓的特種兵來說，力量素質的好壞會直接影響到特種兵技術水準的發揮。在訓練中，隨著士兵力量的增大，其他如速度、靈敏、耐力、柔韌性等素質也會相應增長，所以，力量素質訓練是身體素質訓練中最重要的內容之一。

一、力量素質的訓練方法

1. 深　蹲

深蹲是訓練腿部肌肉的最佳方法之一，它能強化腿部、臀部、腰部和腹部的肌肉群。其方法是，兩腳分開，與肩同寬或略寬於肩，肩負槓鈴屈膝下蹲，直到大腿後側接觸小腿時伸膝站起。（圖略）

2. 立臥撐

訓練者立正站好，上身前俯，兩手觸地，兩腳後退成俯臥撐式，做一個俯臥撐後兩腿分向兩側再收回，屈膝站起，完成一個動作。此方法可以發展兩臂力量及身法、腿法配合的協調性。（圖5-1～圖5-5）

3. 俯臥撐

兩手撐地，略寬於肩，手指向前，以兩腳掌支撐地面，身體俯臥成直線。屈臂至胸部接近地面，然後，快速發力推起至兩臂伸直。屈臂時，兩肘不能外

圖5-1

張，臀部不能撅起。為了鍛鍊不同部位的肌肉，可將手的位置放在不同的地方。有時可以把兩手分得很開，也可以把雙手合在一起，這樣使肩部和手臂的肌肉群都得到發展。（圖5－6、圖5－7）

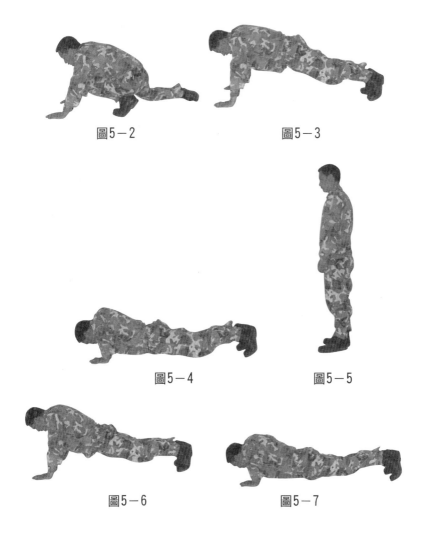

圖5－2　　　　　　　　　　圖5－3

圖5－4　　　　　　　　　　圖5－5

圖5－6　　　　　　　　　　圖5－7

4. 引體向上

引體向上是鍛鍊臂部、肩部、胸部以及背上部肌肉非常有效的一種方式。兩手正握單槓，兩臂伸直使身體自然下垂，用力屈臂上拉至喉部超過橫槓，兩腳踝交叉。若重點鍛鍊背部的肌肉，則可進行頸後引體向上，也就是上拉至頸後接近單槓。拉到最高點時稍停上一會兒再還原。引體上拉時吸氣，下墜時呼氣。練習時身體不要擺動，不要用猛力。

5. 腹肌屈伸

腹肌屈伸是鍛鍊腹肌最佳的方式，它的功效比仰臥起坐還要好。身體仰臥於墊子上，雙手向後抱住頭，然後屈身，雙膝向上抬起，同時利用腹肌帶動背部離地，使頭部與雙膝接觸。而後展開平躺如初，再重複練習。（圖5－8、圖5－9）

6. 仰臥舉腿

仰臥於地面或墊子上，雙手向後抱住頭，雙腿上舉與地面成45°夾角，腳尖繃直。然後緩慢地放下雙腿，到快著地時再上舉。以此法重複訓練。（圖5－10、圖5－11）

圖5－8　　　　　　　圖5－9

圖5－10

圖5－11

7. 仰臥起坐

仰臥起坐有利於背部肌肉、腹部肌肉的鍛鍊。仰臥於地面或墊子上，雙腿挺直固定，然後身體用力前屈坐起，而後身體恢復平躺。以此重複練習。（圖5－12～圖5－14）

圖5－12

圖5－13

圖5－14

8. 兩側提鈴

身體直立，兩腳自然開立，兩手握啞鈴於體側，雙手掌心朝內，手臂從身體兩側向外提起，直到啞鈴與耳朵齊平。稍停，然後緩緩落下還原。（圖略）

9. 仰臥推舉

仰臥推舉是鍛鍊上身肌肉的最佳動作，它能發達胸大肌、三角肌和肱三頭肌，對背闊肌也有一定的強化作用。仰臥在長凳上，手握槓鈴垂直上舉至兩臂完全伸直，然後慢慢下落還原。上舉時吸氣，下落時呼氣。上舉時背部、臀部都要平貼凳面，不要弓身或兩腳使勁蹬地。（圖略）

10. 彎腰提鈴

兩腿伸直，自然開立，兩手持啞鈴，握距比肩略寬，上體前屈與地面平行，頭稍仰起，兩臂下垂於體前，屈臂提啞鈴。上提時吸氣，放下還原時呼氣。練習時上體始終和地面呈平行狀態，兩腿始終伸直，意念集中在背闊肌的收縮和放鬆上。（圖略）

11. 直立提槓鈴

兩腳自然開立，身體保持正直，兩手直臂握槓鈴於體前，然後雙手向上拉提槓鈴，使槓鈴緩緩上升到胸部，後放鬆復原。（圖略）

12. 槓鈴彎舉

掌心向上握住槓鈴，握距與肩同寬，保持身體正直，兩臂伸直下垂到腿側，槓鈴橫槓靠近大腿上部，以肘關節為支點，用肱二頭肌的力量屈肘把槓鈴向上彎起，直到槓鈴橫槓靠近胸部，稍停後再放鬆復原。（圖略）

13. 負重提踵

訓練時找一塊10公分厚的磚塊或木塊置於地上，然後肩負槓鈴，用兩腳前腳掌踩在磚塊或木塊上，後腳跟著地，利用小腿肌肉收縮和踝關節的力量將身體提起、放下，反覆進行。（圖略）

14. 仰臥蹬踢腿

仰臥於地面或墊子上，雙手墊在臀部下，雙腿上舉，與地面成90°角，然後一隻腳上抬另一隻腳下落，像蹬自行車似地交替踩踏。（圖5－15～圖5－19）

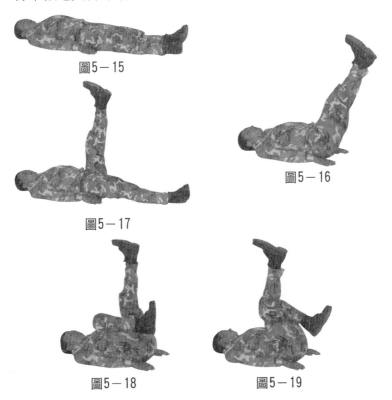

圖5－15

圖5－16

圖5－17

圖5－18

圖5－19

15. 仰臥分腿

仰臥於地面或墊子上，雙手墊在臀部下，頭、肩稍微抬離地面。雙腿分開並抬至離地20公分，然後還原反覆進行。（圖5-20）

16. 箭步蹲

扛起槓鈴後，一側腿向前伸出，然後屈膝下蹲成弓箭步，重心落在伸出的腿上。（圖略）

17. 鐵牛耕地

兩手撐地，兩腳掌蹬地，兩臂伸直，然後雙臂彎曲，上體緩慢貼地向前移動，直至身體伸直，再向後推至雙臂伸直為止。以此反覆練習。（圖5-21～圖5-23）

圖5-20

圖5-21

圖5-22

圖5-23

18. 俯臥划臂

俯臥抬頭，雙臂向前伸直，手離地約10公分，臀肌收緊，兩腿抬起離地約10公分，然後雙臂保持伸直並划向體側，至身體成十字型時還原。（圖5-24、圖5-25）

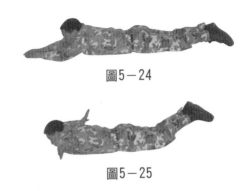

圖5-24

圖5-25

二、力量訓練的原則和注意事項

1. 根據學習和掌握格鬥技術的需要，應將發展大肌肉群力量和發展小肌肉群力量訓練結合起來進行。順序一般由上到下，先練大肌肉群，再練小肌肉群。這是因為小肌肉群比大肌肉群較易疲勞的緣故。

在完成動作過程中，必須注意準確性和節奏性，注意用腹式呼吸與動作練習相配合，使肌肉得到充足的氧氣，還必須加強身體營養的補充。

2. 訓練時間，最好隔天進行一次力量訓練，一週保證三次訓練課。因為人體肌肉組織在經過大運動量鍛鍊後需24～48小時的恢復時間，隔天訓練使肌肉得到充分休息，

給下次訓練課做好準備。力量訓練增強得快，停止訓練後消退得也快，所以應堅持不懈。

3. 力量訓練要與專項技術動作相結合。在設計力量練習時動作應與技術結構相似，並考慮發力特點。要根據鍛鍊目的調節動作節奏與速度，注意鬆緊交替。發展力量素質和改進技術同時並舉最為理想。

4. 科學地調整和安排鍛鍊負荷，若發展絕對力量，需要採用強度大、重複次數少的練習；若發展速度力量，要求練習者在最短的時間裡發揮出最大的力量；若發展力量耐力，則採用負荷強度小、重複次數多的練習。在練習過程中應儘量避免影響速度和靈活性的力量訓練。

5. 進行大強度的鍛鍊時，要特別注意肌肉的放鬆調整，力量性練習與速度練習，柔韌練習或放鬆練習交替進行，防止肌肉僵化，提高肌肉的彈性和靈活性。

第二節　柔韌訓練

柔韌性是指人體各關節在不同方向上的運動能力以及肌肉、肌腱和韌帶等軟組織的伸展能力。

身體的關節、韌帶柔韌性好，不僅有助於技術動作的掌握和提高，而且能減少在訓練和實戰中的運動損傷。特種兵尤其需要有肩、髖關節的柔韌性，如果肩、髖關節的柔韌性好，靈活性強，就能從不同角度用最大的力量去打擊敵人。柔韌性較好的人在搏擊時很少會出現肌肉緊張，動作也相對協調、準確流暢，這樣也就大大提高了攻擊速

度和攻擊勁力。

一、頸部的柔韌性訓練

1. 頭儘量下屈至胸前，然後再仰起，並儘量向後仰，反覆進行，直至疲倦。

2. 頭正對前方，向左後方儘量擺動，再向右後方擺動，直至疲倦。

3. 頭向左右兩側儘量擺動，直至疲倦。

4. 頭向左、向後、向右方轉動，轉動路線剛好在頭上繞一個圓形。做完左方，再做右方，直至疲倦。

二、手腕部的柔韌性訓練

1. 採用合氣道手腕強化鍛鍊的方法：將雙手置於胸前，左手抓緊右手掌背，用力壓。左、右手互換練習。

2. 握拳扭腕練習：雙方交叉握拳沿順時針轉動。

三、肩部柔韌性訓練

1. 振　肩：

雙腳自然開立，雙臂高抬與肩平，然後向後振臂。

2. 壓　肩：

雙手緊握肋木或置於一定高度的物體上，有彈性地向下振壓。注意兩手距離不要寬於肩，要由輕到重，逐漸加力。

3. 搖　肩：

兩腳分開站立，兩臂依次以肩為圓心搖轉。

4.後拉肩：

背對肋木站立，兩手緊握肋木，挺胸向前拉，或雙人配合拉肩。

四、腰部柔韌訓練

1.轉　體：

以兩腳站立，做左右轉體練習。

2.前俯腰：

兩腳並步直立，雙掌手指交叉，兩手儘量貼地。兩腿挺膝伸直，或抱住兩腳跟，逐漸以胸部緊貼腿部。

3.甩　腰：

兩腳開立，與肩同寬，兩臂上舉。然後以腰、髖關節為軸，上體做前後左右轉動，手臂隨著甩動，兩腿伸直。

五、腿部柔韌性訓練

1.正壓腿：

將腿放在與腰同高的物體上，腳尖勾起，兩手向下扶按膝關節，挺胸收腹，直背塌腰，上體前俯，用額頭碰腳尖。左右腿互換練習。（圖5－26、圖5－27）

圖5－26

圖5－27

2.側壓腿：

身體側對支撐物，將腿放在支撐物上，腳尖勾起，身體有節奏地向側面腿部振壓。身體保持正直。左右腿互換練習。（圖5－28、圖5－29）

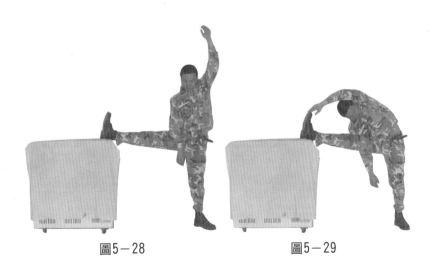

圖5－28　　　　　　　　圖5－29

3.後壓腿：

背向物體，腳背向下，將腳放置在與腰同高的物體上，兩腿和腰部儘量挺直，然後向後有節奏地振壓。左右腿互換練習。（圖5-30、圖5-31）

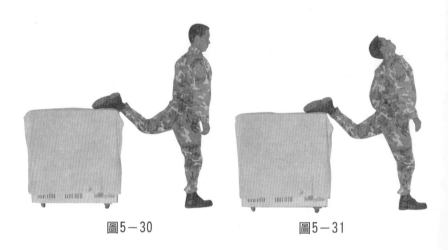

圖5-30   圖5-31

4.對腳下壓：

坐於地上，兩腳心相對，雙手扶於膝關節上，上體儘量下壓，使兩髖儘量展開。（圖5-32、圖5-33）

圖5-32   圖5-33

5.耗　腿：

其方法略同壓腿，不同之處是將腿儘量放於能達到的最高度，身體儘量靠近腿部靜耗5分鐘左右，以感覺有微酸痛感為佳。

6.坐姿雙壓腿：

兩腿伸直，前後分開坐下。兩腿儘量成一直線，身體正直，雙手支撐身體，身體向下振壓。如此互換雙腿練習。（圖5－34）

圖5－34

7.踢腿訓練：

在完成上述訓練之後，應進行踢腿訓練。由實戰姿勢開始做前踢、側踢、後踢、裡合腿、外擺腿等踢腿訓練。

六、腳踝部柔韌訓練

1.轉　踝：

左腳支撐，右腳跟抬起，腳尖點地旋轉踝關節。左右互換練習。

2.壓　踝：

跪在地板上，腳背貼於地板，上體後仰。

3.扳　腳：

坐在地板上，兩腳伸直，用手將兩腳往回扳，儘量使腳尖屈至最大限度。

第三節　速度訓練

在徒手格鬥中，速度是取勝的關鍵因素之一。打鬥時，對敵人的一舉一動必須靈活迅速地做出反應，以變應變，出奇制勝。身體笨拙、動作遲緩，其他條件再好也只能處於被動挨打的地位。一位打鬥者如能在速度上佔據較大的優勢，那麼在其他方面也會佔有不少優勢。

所謂速度，就是指人體快速運動的能力，包括人體快速完成動作的能力和對外界信號刺激快速反應的能力，以及快速移動的能力。

對習練者來說，單純的動作速度是沒有的，它是建立在力量、耐力、協調、技術等諸因素的基礎之上的。神經反應速度、靈活性、爆發力、肌肉的伸展力、彈力和放鬆能力、運動技術的品質、想像力與洞察先機能力、疲勞的克服能力、意志力、精神與肉體的警覺性都是提高動作速度的條件。

因而提高動作速度除了加強身體素質的訓練，如進行疾跑、空擊、跳繩、打沙袋等訓練外，還應重視其他相關身體素質的訓練。

在緊張激烈的搏鬥中，動作速度的快慢是相對的。所謂「速度」，只有和時機配合默契，才能充分顯示出來。沒有實戰經驗，不能掌握攻擊的時機，單純只有速度也不會取勝。所以說，只有將格鬥時機和動作速度結合起來，才能在搏鬥中取勝。

一、速度訓練的一般要求

1. 訓練前先進行熱身運動，這樣有利於提高各器官系統的工作能力，同時可以提高神經系統和肌肉的興奮性，增強肌肉和關節的彈性和伸展性，保證在正式訓練中肌肉關節不易受傷害。

2. 在整個訓練過程中要適當放鬆精神和身體，以做到身形合一，使反應和判斷敏捷，動作迅速。因為不必要的緊張必然影響神經系統的反應能力，會導致肢體滯拙不靈，降低了速度，又消耗了體力。

3. 全身動作協調能使技法流暢自然，使動作準確、熟練，體力充沛，應變能力強，動作速度快。

4. 招式簡練有利於節省距離、體力、時間，保證了進攻的速度。

二、速度素質訓練的方法

1.短距離快速跑：

一般跑30公尺左右，包括30公尺快速跑、30公尺變向跑、30公尺加速跑。這種訓練最適於培養習練者的速度、勁力和敏捷性。

2.打梨球：

這是借鑒拳擊速度訓練的一種方法。主要用來訓練拳手的擊打速度和動作節奏感，提高出拳的準確性和快速反應能力。

3.高抬腿跑：

此練習一方面能有效提高大、小腿的速度力量，還能提高速度頻率及速度協調性。

4.叫號令練習：

根據口令、擊掌、手勢等進行各種步法、拳法、腿法、身法的練習。

5.快速跳繩：

快速跳及雙跳（雙腳跳一次繩繞兩周）。

6.空檔速擊練習：

教官在陪練中不定時地露出空檔，練習者根據「情況」迅速出拳、腿擊打空檔。

8.空擊練習：

設想敵手做出各種攻擊動作，而我則根據敵手的動作做出相應的反擊。此種訓練是鍛鍊敏捷與增加速度的好方法。

9.一方進攻一方防守：

要求防守的一方在對手進攻時能判斷出對方動作，並迅速、準確地做出反擊。這也是鍛鍊和提高反應速度、應變能力和動作敏捷性的有效方法。

第四節　耐力訓練

耐力素質具體所指的是格鬥對抗中或訓練中長時間保持格鬥技術動作品質和運動強度的能力，以及在持續運動過程中不斷克服疲勞的能力。

具備良好的耐力素質有助士兵較好地克服在訓練、實戰中出現的疲勞，從而更好地發揮技戰術水準。

一、格鬥專門耐力的培養方法

1.空 擊：

快速、連續不斷地進行空擊練習，持續3～5分鐘，間歇40～60秒鐘。重複5組。

2.擊打靶墊：

訓練者站在靶前，40秒鐘連續擊靶，間歇40秒鐘。每次訓練3～5組。

3.打沙袋：

連續擊打沙袋，每組3分鐘，完成200個以上的攻擊動作，中間休息1分鐘。連續做3組以上。

4.跳 繩：

跳3分鐘休息1分鐘，再進行下一組練習。每次訓練3組以上。

5.一人對多人的車輪戰。

二、發展耐力素質的要求和注意事項

1. 耐力有力量性的特點，增加力量練習的次數是發展肌肉耐力的一個有效方法。

2. 根據訓練任務的要求，科學地安排訓練數量、強度、重複次數、間歇的時間和休息方式，才能收到良好的效果。

3. 要進行系統的訓練，要有完整的訓練計畫，這樣，

有助於耐力素質的提高。

4. 根據搏擊的大強度、激烈對抗的特點和士兵的身體素質水準，科學地安排有氧耐力和無氧耐力的訓練，掌握訓練強度，並使無氧耐力的訓練盡可能多地結合專項技術進行。

5. 耐力訓練不僅是身體方面的訓練，也是意志品質的培養。因而進行身體訓練的同時，要加強心理素質的訓練，以促使耐力素質的提高。

第五節　靈敏訓練

靈敏素質是指在各種突然變化的條件下，能夠迅速、準確、協調地改變自身的動作，以適應變化著的外環境的能力。

靈敏是實戰搏擊對抗中取勝的重要條件之一，是攻防實戰不可忽視的重要能力。在搏擊中根據對手的情況迅速改變動作方向、路線、速度和方法等，要靠靈敏。

靈敏是練習者的力量、柔韌、速度、協調性等素質在搏擊中的綜合表現。技術嫻熟，力量大、速度快，動作協調都有助於靈敏性的發揮。靈敏性在整個搏擊過程中，無論是出擊、防守、反擊；還是在拳、肘、腿、腳、膝、摔、拿的運用中都能表現出來。

俗話說「熟能生巧」。提高靈敏性最有效的手段是正確掌握格鬥技術要領，持之以恆地反覆練習，使神經系統有效地協調合作。大腦皮層運動中樞的興奮與抑制高度集

中，內抑制相當牢固、精確，形成鞏固的、正確的動力定型，對提高靈敏性極其重要。

一、靈敏素質的訓練方法

1.往返變向跑：

在短距離內做3個以上的變向折返跑或在折返點做一些不同的動作，然後折返跑回。如可以在折返點完成俯臥撐、跳躍、仰臥起坐、跳轉一圈等動作。

2.動作組合：

將各種複雜動作組合在一起，要求練習者快速、準確、協調地完成動作，可以原地練習也可在跑跳中進行。如立臥撐、仰臥起坐，跳轉一圈、兩頭翹組合練習。練習時可指定動作次序，可根據手勢、掌聲及其他信號練習。

3.移動中的躲閃：

躲閃穿越擺動沙袋的練習，將所有沙袋盡力大幅度擺動起來，要求練習者在躲閃開沙袋的同時利用滑步快速前進。

4.觸　摸：

將練習者分為兩人一組，規定在一定的範圍內用手觸摸對方的身體某一部位，可以利用步伐移動躲閃。

5.技法組合：

不同格鬥技術的動作組合練習，如拳法與腿法動作的組合練習、腿法與摔法的組合動作練習等。

6.假想空擊：

假想與敵手搏鬥，想像敵手的變化，從而做出誘攻、

閃躲等動作。練習時想像要真切合理，如同實戰，同時動作配合要有章法，亦攻亦守，精神集中。

二、靈敏訓練的要求和注意事項

1. 靈敏訓練要在精力充沛的時候進行。當訓練者覺得自己疲憊不堪時，不要進行靈敏訓練，以免將遲緩粗劣的動作混入高深的動作中。

2. 發展靈敏素質的訓練在訓練課一開始的時候就要結合速度訓練一起進行。

3. 訓練動作要豐富多樣。因為訓練動作越豐富，條件反射的儲備也越豐富，同時靈敏訓練的效果也越好。

第六章

特種兵的心理訓練

　　當特種兵有了一定的格鬥技術和懂得了一些戰術運用之後，還有一個非常重要的內容值得重視，那就是心理素質的訓練。

　　有關專家認為，士兵搏殺的成敗並不主要取決於個人技術，而是主要取決於他的拼殺氣概和良好的心理素質。有些士兵身體素質和格鬥技術都不算優秀，但他具有堅忍不拔的意志和良好的心理素質，所以在實戰搏殺中連連戰勝強敵。相反，有些士兵雖然身體素質較好，格鬥技術也比較全面，但由於缺乏堅定的意志和良好的心理素質，在實戰中往往被那些體格一般而勇往直前的對手打敗。事實證明，僅靠身體素質和格鬥技術是不足以克敵制勝的。只有在身體素質和格鬥技術的基礎上配合良好的心理素質和堅忍不拔的意志品質，才能在實戰搏殺中戰勝敵人。

正視危險

　　雖然自信是士兵的特質，但是一名訓練有素的士兵卻從來不輕視一名未曾受過正規訓練的敵人。儘管有些敵人從未被正規訓練過，但是他們的兇狠和殘忍彌補了他們在

技巧的上缺陷。特種兵要時刻提醒自己面臨的潛在危險及遭受失敗的後果。

士兵們經常受到這樣的教導：訓練要講究實效，反對花架子。無論對練還是打沙袋，都要像面對強敵一樣真打硬拼。攻擊時，要充分利用一切手段自然直接地攻擊敵人脆弱的部位，用招突然、快速，使其猝不及防而中招，特種兵攻擊動作要以迅雷不及掩耳之勢進行，捨棄冗長笨拙的技術或動作，必須快速制服敵人，敵我之間的生死容不得半點花架子，必須施用非常實用的技術。

如果敵我力量懸殊，必須捨棄一拼到底的念頭，應以設法保全自己為重點。當你安全地逃脫了敵人的攻擊，你就是真正的勝者。生存是關鍵，而尊嚴在軍人的徒手格鬥裡什麼都不是。

消減恐懼　忍受傷痛

當生命受到威脅時產生恐懼感是正常、自然和本能的反應。而在實戰中必須學會控制和消除恐懼，否則這種恐懼感會影響大腦的活動，從而導致臨戰時動作遲緩、猶豫不決、拖泥帶水、動作變形、擊打無力等。

特種部隊訓練時，教官把士兵置於虛擬的環境中，逼真得讓他們雙腿發抖、心跳加速，有時甚至驚惶失措、無法控制自己，一旦他們經歷了這些訓練，在以後的實戰中就能更好地克服此種恐懼。

韓國特種部隊進行消除恐懼訓練的主要科目是讓士兵

在火葬場過夜，讓士兵挨著死人或摟著死人睡覺，瑟瑟的風，黑黑的夜，讓人膽戰心驚。特種部隊士兵經過長期訓練，早已忘記自己的生死，他們只有一個信念，那就是生命不息，戰鬥不止。

另外，必須在心理上接受受傷的可能性。搏殺時，砍傷、擦傷、挫傷、骨折和刺傷都是正常的，但不要因此而分心。一旦受傷，應該把疼痛拋在一邊，並要盡力使受傷的次數降至最低。

有的士兵死於並不嚴重的傷害，原因是他們自己認為自己所受的傷是致命的，從而導致了恐懼的加速，削弱了士兵的戰鬥能力。相反，有的士兵雖然被打成重傷，但他們仍能克服疼痛堅持戰鬥，最終存活下來。

心腸要狠

教官教導士兵在實戰搏殺時下手一定要狠，落點要準，力量要透。在日常的訓練中，要想法克服心理及精神上的障礙，使自己的技法發揮至最大限度。在面對敵人時，必須放下文明的外衣，不應抱任何憐憫之心，要啟動憤怒之情，激發自己為生而戰的精神。對敵人的寬容就是對自己的殘忍，因為敵人的目的就是要殺死你。同情敵人，最後必定傷害到自己。

士兵們也要牢記：不可受敵誘騙。對主動提出要握手或請求談談條件的敵人，要保持高度警惕。此種舉動常常是誘騙士兵降低警惕性的伎倆，一個訓練有素的士兵會非

常小心地對待此舉，不過最好還是避開這種場合。類似的
手法還有向士兵遞香菸，在士兵接菸時，拳頭猝然而至。
如果士兵粗心大意或心太軟，將會為此付出生命的代價。

簡單的放鬆

放鬆訓練能使自身精神與肢體高度統一，迅速恢復體
力，使練習者全身氣血通暢，經脈無滯，並獲得充沛的精
力。

世界上較流行的放鬆訓練方法是：仰臥於床上，兩腳
分開，兩手掌心向上，自然伸開，置於身體兩側，先做數
次輕柔而緩慢的深呼吸，以使全身放鬆，心情平靜，按照
頭部、頸部、手臂、胸部、腹部、胯部、腿部、腳趾的先
後順序放鬆。

放鬆時一邊深呼吸一邊使身體各部分交替地收緊和放
鬆。比如，在微閉眼皮時，深吸一口氣，在放鬆眼部周圍
肌肉時，則緩緩地把氣呼出。在做收緊與放鬆的練習時，
注意緊張要有限度，不要太用力，以免使肌肉僵硬。訓練
時情緒要安定，呼吸均勻深長，鼻呼鼻吸。

想像訓練

所謂想像訓練，就是指有意識、積極地利用頭腦中
已經形成的運動表象或充分利用自己的想像進行訓練的方
法。想像訓練對技戰術訓練作用顯著，如果在練習之前通

過對技術要領方法的想像，在大腦皮層中留下技術「痕跡」，然後在練習中把這些痕跡啟動，可使動作完成得更加正確、順利。

特種兵的想像訓練要想得十分生動、形象，如身臨其境，歷歷在目。必須把顏色、噪音、表情、自己體內的衝動、疼痛等細節都一一想像出來。想像過程中還應該從思想中排除疼痛感，探索所有的可能性，考慮問題可能解決的途徑，並用各種可能的情況向自己挑戰。

每次訓練時，都儘量努力加入一些具有創造性的內容，比如設想利用場地上像石頭、棍、棒等伸手可及的武器打擊敵人。想像訓練能提高練習者的打鬥能力。但這可不是說戰士就應該以想像訓練代替身體的訓練，而是要將其作為強有力的輔助手段加以利用。

國家圖書館出版品預行編目資料

特種部隊 徒手格鬥術／王紅輝 編著
——初版——臺北市，大展，2019[民108.2]
面；21公分——（格鬥術；2）
ISBN 978-986-346-237-8 （平裝）
1.武術
528.97　　　　　　　　　　　107021848

特種部隊　徒手格鬥術

編　　著／王　紅　輝
責任編輯／孔　令　良
發 行 人／蔡　森　明
出 版 者／大展出版社有限公司
社　　址／台北市北投區（石牌）致遠一路2段12巷1號
電　　話／(02) 28236031‧28236033‧28233123
傳　　真／(02) 28272069
郵政劃撥／01669551
網　　址／www.dah-jaan.com.tw
E-mail／service@dah-jaan.com.tw
登 記 證／局版臺業字第2171號
承 印 者／傳興印刷有限公司
裝　　訂／佳昇興業有限公司
排 版 者／千兵企業有限公司
授 權 者／北京人民體育出版社
初版1刷／2019年（民108）2月
初版2刷／2022年（民111）6月　　　　　　定　價／240元

大展好書　好書大展
品嘗好書　冠群可期

大展好書　好書大展

品嘗好書　冠群可期